U0501944

北京交通大学中央高校基本科研业务经费重点培育项目
“新媒体环境下的社会关系治理研究”（项目编号:KHJB13012536）重点成果

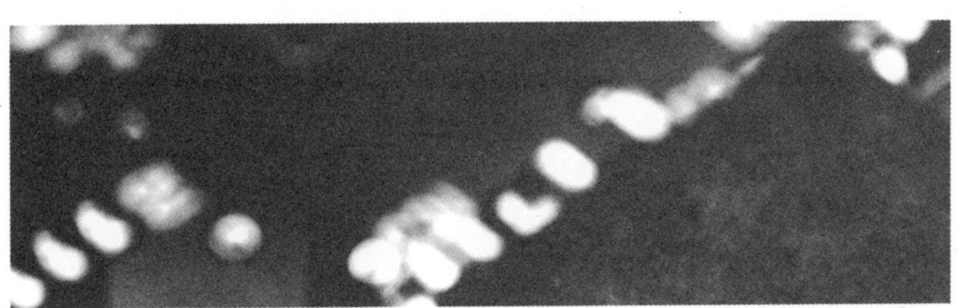

部落化生存

新媒体对社会关系的影响

刘凯 ／著

上海三联书店

目　录

序　言

书稿提笔之时，中国正处于一个多彩纷呈的时代：一方面是社会阶层逐步分化重组，多种利益交织汇集，共同构成了转型期的多元化景观；另一方面，社交媒体攻城略地，不仅交织了主流非主流的舆论阵地，也极大扩充着每个人的社交属性，颠覆传统的人际关系连接方式。此时，互联网思维的呼声统领了各行各业，各种形态的"互联网+"新经济模式喷薄而出。时下多用"转型期"这一流行词语描述我们所处的时代特征。如果我们细分社会的每个层面，会更清楚地认识到当前中国社会所面临的巨大结构性转折，这种转折点渗透到社会的每个角落，影响到每一个人。新媒体此时成为这个转折点的重要表演舞台，并且发挥着推动、催化的重要作用。

自原始社会人类群居开始，人际关系成为整个社会赖以生存的生命线。在农业社会时期，人类的交往、联系的经济本质是在有限区域内的资源争夺，由此衍生出了民族、国家的关系单位。工业化不断推进，物理空间的限制逐步被打破，为了满足大工业生产需要，人们从原来的"世外桃源"被迫离开乡土进入到了城市，彻底改变了原有的人际关系结构。新媒体时代的到来，更加速了这一趋势的变化，人际关系模式发生了彻底的变化，我们进入了"新部落"时代。

在新形势下，社会变迁使得权力逐步呈现分化的状态，政治权力结构逐步退却给社会，新媒体在不断消解、分化政治权力。在经济方面，从农业社会时期熟悉化市场逐步转向陌生化市场，陌生化市场得以形成的最重要的一个基础或者根基就是信任。信任的重要性在新媒体阶段得到了极大诠释。没有信任基础的存在，信息交流就不能够存在，从而衍生出的虚拟社区就得不到有效保障。社会逐步分解成为一个多元的利益、思潮集合体，这些分化密集、快速在新媒体上得到了展示，这种景观是以往中国社会所不曾有过的。精英文化开始消解，草根文化的崛起固然有赖于社会整体权力结构分化影响，但是媒体提供给公众的表达诉求平台力量仍然不可忽视。

同时不可忽视的是，中国是一个"关系社会"，"关系"具有十分丰富的内涵。在国外学术著作翻译中，"关系"被翻译为"Guanxi"，由此可见在西方学术视域，中国的关系社会不同于西方。我们建立在"情理法"权重衡量基础上的关系网络，具有丰富的内涵，以至于我们带来了具有亲情味道的管理模式，同时也带来了"制度失灵"的尴尬。我们这种带有明显的"民族特色"的关系类型，是否会在新媒体时代发生根本性的变化——结构是否会影响性质？这个问题在学术界一直争论不休。支持者认为新媒体所带来的是一场革命性的变化，彻底颠覆中国一切的传统；反对者认为"关系"的内核是不会改变的，它是一个基本存在，所改变的只是借助新媒体平台变化了的形式而已。

当人们在拼命地扩大自己"朋友圈"的时候，所给个体带来的是关系的机遇与迷茫并存的现实。一方面我们确实在很大程度上收获了人际关系网络扩大所带来的各类社会支持，同时面临着纷繁的关系类型及不同交流情境，人们如何自处并保持一份自我空间？数字化时代的生存所带来的远非便利的传播方式，在更大程度上的结构变迁正在深刻地重塑我们的社会。虚拟部落社会的形成，首先带给管理者的是管理的困惑。当我们熟悉门对门、户对户分块的管理思维后，如何面对网络的流言蜚语及复杂的舆情现象？如何对不知其踪迹的虚拟行为进行监管？

我们的社会从部落到族群，再到国家，经历了一场以认同、文化、情感为纽带的成长，这种成长随着全球化的全面深入戛然而止，随着西方学者所描述的历史终结而最终世界变平了。工业化城市化首先把我们变成了原子化，原子化后人们重新渴望社区的重构，新媒体平台无疑成为了人们在离散时代建立精神家园、聚类群居的诉求。我们重新聚合成了带有部落色彩的虚拟社群，仍然以兴趣、文化认同、情感为纽带，完成了螺旋式上升的人际关系升华。

人类生活的改变，往往在很大程度上会改变理论界的导向。正如轰轰烈烈的工业化进程和大都市生活的常态化，催生了芝加哥学派的诞生。同样，新媒体的兴起正在改变着学术的版图。从社会学到传播学，再到经济学，人们所关心的是新技术到底会带给我们什么？无论哪个学科，在对新媒体研究的理论切入点上，都离不开一个核心问题，那就是新媒体对社会结构及人际关系的改变，它的影响会渗透到何方？

带着这个命题，本书首先勾勒描述了网络社会的结构特征，紧接着分析人们在虚拟部落中如何进行社会化生存。人们"部落化生存"势必对政治、经济、文化产生深远的影响，本书对其影响进行了深入的分析，并尝试提炼出来人们实践"部落化政治"，参与新型网络经济，创造并消费网络文化的基本规律。

第一章　超越媒介：社会关系变革的力量

十七年前，曼纽尔·卡斯特尔以其深刻的洞察力预见了网络社会的崛起。彼时的"网络社会"在公众视野中，仍然是一个充满了科幻色彩的名词，因为当时我们的社会关系状态并没有发生本质的变化。在他的视野中，未来的生活是一个全新的、充满了无数变量可能的时代，政治、经济、社会、组织，以及人的精神状态都全然与当下不同。"技术并未决定社会，技术就是社会"的断言在今天逐渐变成了现实。二十多年过去了，现实发展速度已经超过了卡斯特尔的预期，互联网展示出来的巨大社会改造能量也让研究者措手不及。

今天，展现在我们眼前的互联网是一个十分庞大且复杂的社会生态系统，它早已远远超出"一项技术、一项发明、一种媒介"范畴，犹如扩散的乙醚，在人类社会的各个角落无处不在，同时又像一只"上帝的手"，从各个层面不断重新塑造着世界。本书并无意为"技术决定论"做注脚，我们只是在冷静、客观观察这个社会的同时，思考新技术带给了我们什么，我们社会中某些东西是否会改变，改变的逻辑是什么，这些新现象对我们意味着什么。要回答这些问题，首先需要我们重新审视互联网之于社会究竟意味着什么。

20 世纪 90 年代，西方社会学者对新媒体的研究主要聚焦于其对人际关系所产生的影响。比如互联网让我们更加疏远还是亲密？更加孤独还是团结？它能帮助人们建立强关系吗？它是否能够连接边缘群体等等。无独有偶，中国的社会学者和传播学者接触新媒体研究课题之初，也将目光聚焦于其自身独有的“媒体属性”，这并非东西方学者的眼光和预见性不谋而合，而是新媒体发展轨迹的模糊性和不可预测性导致了研究具有天然的偏向。如果我们从传播学角度出发，将互联网定义为“一种新媒介“的话，很多问题就无力解释。本书首先立论的基本出发点就是：互联网已经超越了媒体属性，它是我们信息化时代最具活力的“社会性通用工具”。它从重塑社会生产组织方式开始，变革能量渗透到社会各个角落。如果仔细梳理过去十年中国互联网发展的宏观形态，我们就可以十分清楚地窥见其内在逻辑。

十年前，中国的电子商务刚刚起步，社交网站还没有出现，更遑论微博微信和让人眼花缭乱的各种 O2O 应用。人们那个时候沉浸在网吧或者家里，在键盘上聊着陌生人，玩着游戏，浏览着形形色色的新闻，相比于现在，那是一个网络的“慢时代”。彼时，人们对网络的态度是新奇和惊恐并存。由于滋生了大量网瘾少年，网络色情和暴力长期存在导致新媒体的形象从一出生就带着几分“原罪”。当时的互联网更多体现出来的是媒体属性和娱乐工具属性。

在短短十年间，互联网的发展速度超出了所有人的想象。它像疯长的巨人一样，不断滋生出新的躯体和枝干。在经济领域，以电子商务崛起为代表，中国互联网在教育、医疗、金融、贸易、零售等领域开始发力，对传统行业的改造日新月异，“颠覆、改变”成为了互联网创业者们的号角和口号；在政治领域，以网络论坛和微博微信等社交媒体为代表，公民性和公民意识日益觉醒，人们表达着自己的政治观点，多种政见思潮同台竞技，调侃、高论和诋毁并存；在社会领域，虚拟社群的诞生无疑是社会组织方式的最大增量变化，它不仅是新型的人际连接工具，而且在更广的层面上发挥着越来越重要的作用。产业改变的背后，则在悄然瓦解着传统人际关系结构，人们的链接方式更加复杂多元。

基于上述，在互联网视野下考察社会关系的变革，必须突破单一视角的局限，从互联网在社会功能中的作用入手，全方位考察其对社会关系的变革性影响，因此，我们应当建立一种更为宏观的视角来看待互联网。

第一节　社会关系变迁的逻辑

社会关系是社会学研究的一项重要分支系统，直到近现代才出现了清晰的研究范畴和概念系统。从帕森斯结构功能主义学派开始，社会关系成为社会科学的主要研究对象。马克思以生产力发展形式和阶段为主线，多社会形态和结构进行了系统的划分，韦伯则从宗教文化提出了社会前进和发展形态的根本动力。除此之外，还有地理学说、人类学说、历史学说等等。我们如果认真深入分析社会发展历史，就会发现：人类每次重要的社会关系变迁节点，都有一种综合性的力量在起着极大作用。

学术界对社会关系发展与断代，存在多种理论切入视角。具体总结，主要有两种范式：以生产方式为主线划分社会关系结构差异；以所处时代的媒体特性为划分依据。这两种范式无所谓对错优劣，研究者仅仅是从自身理论体系出发，对同一个问题进行了不同的阐述。本书通过对不同理论视角进行了梳理和简单总结，尝试从先行者的理论视野中，找到本书研究问题的解决路径，同时也尝试建立一种综合化的理论体系。

一、经济基础与生产方式范式

马克思以生产方式及经济基础为切入点，阐释社会冲突对立的关系的理论，这种思维范式一直以来是中国学界主流，其研究对象更多指涉宏观社会结构，理论体系的内涵核心逻辑是：生产力水平决定了社会生产组织方式，进而影响到了宏观社会结构。例如剑桥学派历史学家认为：中国大规模的治水和灾害防御是经济客观的要求，大规模集体协作导致社会关系结构的中央集权化。莎士比亚笔下互相算计的"威尼斯商人"与其商贩经济密不可分，陈忠实笔下争斗不息的宗族冲突深深根植于农耕文明……从根本上来说，社会人际关系的形态是由于其生产方式和经济环境所决定的。

生产力范式对人类历史上的社会关系结构有着明确的断代划分，贝尔就以工业化为基本点，将社会结构的分化划分为三个主要阶段：前工业社会、工业社会和后工业社会。不同的社会是依据不同的中轴建立起来的。前工业社会以传统主义为轴心，社会关系有明显的地域特征；工业社会以经济增长为轴心，人际关系依附于社会大生产；后工业社会以理论知识为中轴，科技精英成为社会的统治人物，个体因素在社会关系中起到了很大的作用。按照贝尔的逻辑，从社会关系角度，我们亦能窥测不同时代的差异：农业社会时期，人们沉浸于封闭、高度熟悉化的社会关系中；工业化时期，以大生产为轴心的社会运作机制将人群撕裂成为碎片，进入原子化时期；后工业时期，个体多层次嵌入了多个生活、工作团队，形成了一种簇状原子结构的关系网络。贝尔提出这个观点的时候，互联网并没有进入公众的视野。贝尔认为的不同历史时期社会主导力量，或者说统治力量，和马克思的断代分析不谋而合。

马克思在工业化初期提出的理论和贝尔在工业化中后期的洞

见，在互联网时代面临新的情况：当前的经济状态和生产组织结构明显呈现新的状态。“扁平化”的工作组织结构越来越凸显其能量和价值，“流水线和标准化”成为了生产力落后的代名词。同时社会新型力量的崛起使得这个社会关系更加错综复杂，而不能够清晰明了地进行断代。“经济基础”理论范式基本上是以生产方式来对社会进行区分，一般来讲，主要有以下三种层面：

1. 农耕文明的封闭社会关系

农耕文明时期的社会特征如同“鸡犬之声相闻，老死不相往来”，当然，这也是中国人心中的理想社会模型：简单自然，浑然一体，寄托于山水田园而怡然自得。千百年来，中国的政治精英将其视为社会管理的最高追求。走出理想化的模型，从结构上看，农耕社会充斥着封闭感，缺少流动性，社会关系有着极高的密度且高度同质化。无论是东方还是西方，均经历了相似的社会发展过程。费孝通将中国传统社会描述为“熟人社会”，威尔曼则用“小盒子”来比喻前工业化时期西方的社会关系。[1] 由于农业社会流动性较小，人们生活的空间相对封闭，初级群体成为人们主要的社会环境。血缘、亲缘、地缘是彼时社会关系构建与维护的主要纽带。上述特征的出现与经济结构密切相关。

农耕文明时期的生产力最为显著的特点就是“自给自足”式的简单再生产，社会分工简单，商业流通范围受到地域的限制，同样人口的跨地域流动不活跃，即使存在大规模集体劳作，其地域影响范围和失效周期也是有限的，如在农闲时期的治理河道、共同抵御异姓宗族

〔1〕费孝通论述见《乡土中国》，威尔曼在 20 世纪 70 年代开始考察多伦多郊区居民的社会网络，针对西方传统的紧密社区关系，用“小盒子”来形容传统的、高密度、高互动的社会关系形态。从本质上，东西方两种社会关系形态本质上是一致的，初级群体在此阶段是人的主要社会关系组成部分。

等，均是构成当时社会关系结构的重要联系纽带。对于皇权而言，简单的再生产并不能保证中央集权的统治，维系庞大帝国的秘密主要有两个：要害经济的管控和文化的大一统。

自西汉"盐铁会议"以来，中央实行严格的盐铁专卖，有效联系并控制了地方政权，确保中央权力的顺畅渗透。地方经济自足、要害经济全国管控的模式犹如一根绳索，将散落的经济体串联起来，构成了帝国统治的经济基础，一旦这个经济基础发生动摇，社会必将走向动荡。裴宜理在《华北的叛乱者与革命者》一书中，有过这样的结论：

> 淮河流域的暴乱和秘密结社，实际上是来源于贩卖私盐的经济基础。作者通过对其在特定历史时期的经济基础分析，深入揭示了社会关系和其经济支柱之间存在的隐秘关系，并将这种社会冲突关系总结为经济上的"掠夺型策略"和"防御型策略"两种生存模式。这种研究是典型的微观个案性的经济基础范式。[1]

无论是抵御型的策略还是防御型的策略，都是在中央管控经济背景下，公众作出的生存选择。正如裴宜理所观察的：淮河流域经常性发生自然灾害，地方无力应对，当救助不及时的时候，非法的经济行为便会成为公众的经济性抉择。中国历代王朝都很重视赈灾救助，中央权力在调动资源救助地方同时完成了公众对皇权的认同和权力再生产。

除了"中央—地方"经济模式力量外，文化枢纽的统合力则是极具本土特色。在中国，具有宗教意义的儒家文化更关注"人伦"，对人

〔1〕裴宜理：《华北的叛乱者与革命者》，商务印书馆，2007 年 6 月第一版。

际关系的亲疏远近和社会秩序做了文化上的规定，负责执行、监督"人伦"的是乡村文化精英、宗族势力。[1] 乡绅、宗族是基层权力的实际执行者，他们既是皇权统治上的一环，同时也是皇权和公众的隔离墙，长期以来，正如费孝通先生所观察到的：中国皇权不下乡，不是不想下乡，是在这种封闭社会结构中，根本下不了乡。与西方不同的是，中国社会没有能够整合全民的宗教，地方文化自治是主流形态，地方自治深受经济模式影响，且呈现出丰富的形式，但是共同拥有儒家文化的内核。儒家文化则在很长时间内发挥着宗教的统合作用，它向地方文化不断渗透延展，构成了维系农耕社会结构的重要一环。

2. 工业化时期的原子社会结构

马克·吐温的小说充分描述了狄更斯所讲的"最好的时代和最坏的时代"的人际关系：物质相比较以前极大丰富，但是人与人亲情的冷漠，金钱至上主义。无论是东方还是西方，工业化进程中的社会关系总是处在一个躁动、分裂的状态。此时人和人之间的关系不再那么单纯，心中理想的田园被破坏，工业社会交往的社会规则取代了农耕文明，此时心灵鸡汤不可避免成为了人们的安抚剂。从微观来看，"本乡本土"在大工业生产中逐步瓦解，成为了工业化时代人们"乡土家园"情感寄托和对过去宁静的憧憬，大工业将基层社会组织撕成了碎片，碎片中的个体成为了"原子化"的个体。原本属于基层社会组织的功能丧失，让位于社会统一化的机构和组织。这种转变对个体的冲击是很大的，新型的社会连接方式出现了——高度职业化。"业缘"成为了工业化时代最好的社会关系构建方式。大工业时期的生产所有者和组织者成为这个社会最有权势的人，产业工人无

---

[1] "伦"本身具有十分丰富的文化内涵，本节主要讨论"伦"运作的枢纽机制，关于其更具体的讨论请见本书第七章。

论如何也摆脱不了社会的边缘性地位。这个时候人口的流动增强，大量人口从农村涌入城市，社会结构发生重大变化。首先发生变化的是传统资源配置主体发生了转移。从宏观上看，东西方农业社会和进入工业社会后，社会关系结构基本相同。但是在从农业社会进入到工业社会阶段，却存在着较大的差异。对于中国来讲，政治力量起到了极大的推动作用，而西方，特别是在美国，全球化、国际移民是改变社会形态的中坚力量。金耀基认为：全球化对人类社会的影响，将比工业化、城市化和世俗化综合的影响更为剧烈。[1]

就中国而言，自洋务运动以来，虽然中国工业化开始起步，范围逐步扩大，但是限于当时社会政治的现实，加之中国农耕文明的强大惯性，导致社会工业化进程缓慢，对关系结构的影响没有变革性意义，由于以农村为支柱的社会基础存在了很长时间，彼时社会关系主流还是乡土社会的特征。1949年后，中国启动了若干次中断、进展缓慢的工业化进程，国家力量是最为主要也可以说是唯一的组织者。以“工作单位”为依托，全国工业化进程全面展开，但是此时并不是自然状态下的工业化，农民向产业工人的转化受到了城市—农村双重国民管理体制的限制。高度行政化的单位制，使得个体构建关系的渠道被局限于单位之内，重回传统农业的封闭状态。国外对于此阶段的中国关系的研究过于集中在其政治意识形态基础。例如傅高义用“同志加朋友”的视角去分析政治、生活两个语境交叉下的关系构建。但是中国本土的学者从资源分配角度洞察了工业化时期及政治运动对人际关系的影响。孙立平首先从资源交换角度提出了“庇护性关系”：

---

〔1〕金耀基：“全球化、多元现代性与中国对新文化秩序的追求”，载周晓红主编《中国社会与中国研究》，社会科学文献出版社，2002年。

> 血缘和地缘关系在传统社会中占据重要位置是因为资源配置是按照这两个方向发生的。当国家机构、权威垄断了资源分配后，个人和个人之间的联系减少了，个人通过权威获取资源，努力同权威建立私人关系。这种社会关系结构是庇护性的，形成了庇护主义关系网络。〔1〕

“庇护性关系”模型其实恰好的描述了中国传统“关系”在工业化时期的融合状态。这种关系结构是星状发散结构，与西方的原子化社会结构不是很相同。

从资源配置角度来看，孙立平所提出的“庇护性关系”很好地描述了1949年后国家机构对传统社会结构的资源垄断，权力渗透至社会最基本的单位——家庭。传统的乡土社会已经不足以提供相应资源，政治体制导致资源配置的唯一性，中国家庭、宗族重要性下降，具有行政色彩的“单位”、“组织”在资源配置中起到了决定性作用，人际关系结构转向了“权威庇护性”的原子化状态，改革开放后，庇护性关系下降，出现工具性差序格局结构。〔2〕 杨善华等人也观察到了同样的现象：改革开放后中国人际关系的变迁。如姻亲关系和拟血缘关系融入到了差序格局中，而且利益逐渐成为判断亲疏远近的标准。“关系”更加呈现出工具色彩。〔3〕

随着工业化和城市化的推进，社会流动性增强，传统社区被打破，无论是西方战后的移民浪潮还是中国解放后的历次社会运动，都

〔1〕孙立平：“‘关系’、社会关系和社会结构”，《社会学研究》，1996年5月。

〔2〕本概念论述引自孙立平：“‘关系’、社会关系和社会结构”，载《社会学研究》1996年5月，文中所提出的“庇护性关系”恰恰体现了中国本土“关系”的重要维度，在本书的最后一章将有详细阐述。

〔3〕杨善华、侯红蕊：“血缘、姻亲、亲情和利益——现阶段中国农村社会中‘差序格局’的理性化趋势”，《宁夏社会科学》，1999年6月。

对传统社会结构产生了巨大的影响，人们处于不同类型原子化的离散状态，“熟人社会”和“小盒子社会”已经不复存在。生产力继续发展，大工业时期金字塔型的生产管理体制已经不适合生产力发展的需要，新的生产组织方式和大量创意经济的发展，催生了新的社会关系。

3. 后工业化时代的个人化结构

齐格蒙特·鲍曼（Zygmunt Bauman）认为，“躲避与隔离已成为当代大都市中的主要生存策略”[1]，这也是为什么怀特和帕特南担忧在工业化社会中社区在消失的原因。福特汽车厂的流水线生产方式曾经是工业化大生产的一个标志，中国的富士康也是中国作为“世界工厂”一个显眼的符号，两者的生产方式是隔离、机械的，人与人之间的交流互动较低。在今天看来，无论福特还是富士康，公众倾向于把他们与“血汗工厂、压迫、没人性”等字眼相联系。管理学科曾经在很长时间内致力于提高金字塔式管理结构和流水线生产方式的效率和效益，今天这个研究方向显然已经被学术界和业界所抛弃。有学者将这种现象描述为后工业社会的特征。当工业化发展到一定阶段，社会产品极大丰富时，社会经历了“消费社会”后，社会需求会发生相应转变，个性化的诉求在增加，小众化消费逐渐流行，消费者在分裂，这些变化倒逼生产方式的变化，生产方式的变化在客观上又促使了社会关系的转变。当统一化、标准化的大生产越来越失去活力的时候，企业对人的控制力和束缚力在减弱，并且随着社会分工和专业化程度的爆炸式提高，几乎每个公民要想适应现代化社会生活，必须要嵌入多个社会网络中。

生产方式的变化，必然要求多元化网络的支撑，从而获取多方的资源。威尔曼将这种社会关系结构称之为“个体化的社会网络”

〔1〕[英]齐格蒙特·鲍曼（著），郭国良（译）：《社会是如何可能的》，广西师范大学出版社，2002年。

(Individual Network)：在交通和通讯技术的支持下，人们有能力嵌入多个群体，构建能够满足个人化生活需求的网络。与工业化时期原子化状态相比，这无疑是一个巨大的进步，这意味着个体的自主选择权力在加强。互联网无疑又在加速推动这一进程，"地域逐渐转变为没有任何特色的、可以随意搬迁的场所，社会逐渐趋于网络化"。[1] 地域场所化对社会结构产生了巨大的冲击，个体的自由结网成为了可能。在网络诞生之初，西方学者首先担心的是虚拟交往会降低个人的现实互动，从而对社会产生不利的影响，时至今日，我们可以看到越来越多的资源汇集至网络平台，并且为人们提供了强大的关系构建机会，个体关系构建机制也出现"增量"转变，即个体扩大自身关系网络范围出现了新的机遇。

二、媒介范式

十五年前，马克·波斯特在《第二媒介时代》(The Second Media Age)中将"网络"视为继报纸、广播和电视后的又一大众媒介，并认为网络对整个人类社会将产生巨大的影响，比较显著的特征是去中心化，在网络时代，制造者、销售传播者和消费者界限模糊，原来明显的社会划分将不再适用。如果我们用"媒介理论"的范式来解决本书的论题，则应当界定互联网的媒介属性，深入挖掘互联网的媒介特征，沿着这种理论逻辑，无助于我们解决问题，反而有陷入"技术决定论"泥潭的危险。在传播学研究中，媒介研究是一个不容忽视领域，并且在这个领域产生了诸多理论成果。本书在综述理论同时，尝试揭示互联网在媒介属性方面所发挥出来的能量。在历史发展的每一个时期，都有媒体闪烁迷离的身影，除了媒体传播信息的功用，它还

[1] 杨伯溆："社会网络化与地域场所化：当代本土传播的内涵及特征"，《新闻与传播研究》，2004 年第 3 期。

在有意无意地充当着现实结构维护者或者解构者。无论是卡尔斯特的网络社会观，还是麦克卢汉的冷媒介热媒介理论[1]，都对媒介属性及其产生的不同影响做了观照。在吉登斯那里，

> 社会制度的结构属性既是媒介又是社会行为的产物。……一切社会行为存在于社会实践之中，位于时间—空间里，由能动的人以有技能、有知识的方式组织起来。[2]

在不断的媒介使用实践中，人们会逐步建立起了具有媒介本质属性的时空互动关系。从媒介范式来看，媒介对社会有"关系结构"与"权力结构"双重影响。媒介理论范式建立的基础是"技术与社会关系"理论，通常来看，

> 在知识系谱的意义上，社会学关于技术(与社会)的研究大致可以区分为三种途径：决定论的；扩散论的；互构论的。在决定论路径中，又包含两个时点的区分，即技术创新和技术应用；而扩散论仅仅讨论技术的应用路径；互构论则讨论技术变迁与社会变迁之间的关系。[3]

按照以上的分类，邱泽奇将技术与社会变迁关系分为以下三个图谱：

---

〔1〕在麦克卢汉的著作中，有完整的关于媒介与社会发展的断代划分，关于这部分内容，本书在第二章中对其提出的"再部落化"模型有详细辨析，此处不再展开。

〔2〕Cooley, *A Study of Larger Mind*, Charles Scribner's Sons, 1909.

〔3〕李培林、李强、马戎主编：《社会学与中国社会》，本文由邱泽奇著，社会科学文献出版社，2008：589。

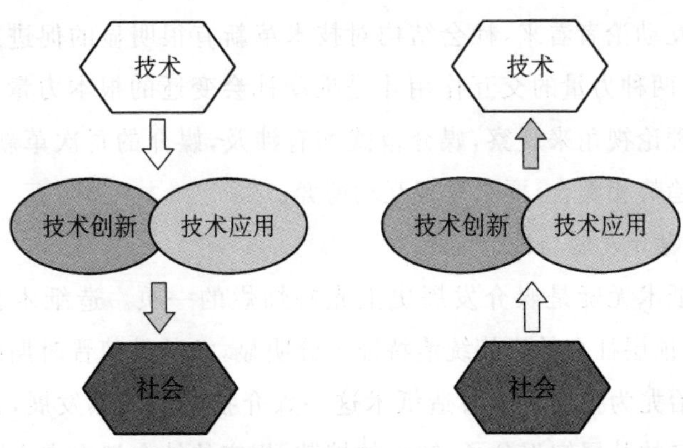

第一种模式：决定论的讨论框架

在此模式中，技术是绝对主导作用，对社会变迁往往起到决定性因素，这个理论框架往往会被异化成为“技术决定论”。然而有学者并不认为技术发展与社会变迁之间存在的线性决定关系，他们强调新技术在扩散过程中对社会的影响。

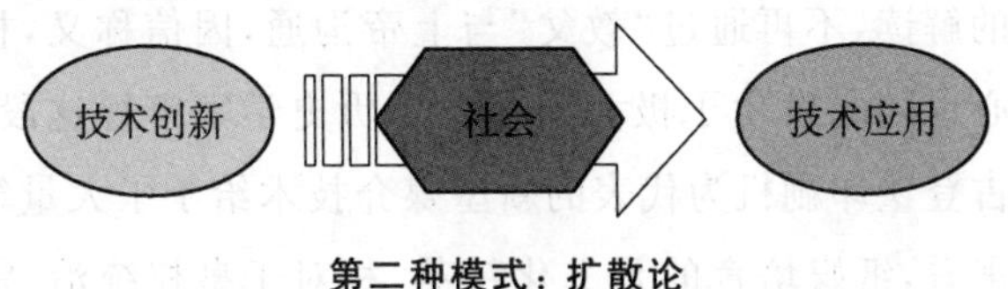

第二种模式：扩散论

就媒介技术而言，扩散论方面的研究较为流行，以罗杰斯创新扩散的研究为开端，传播学界一直以来十分关注新技术的扩散应用，希望寻求其内在传播规律来考察社会结构。该理论视角忽视了社会对技术革新的反作用力，“互动论”的视角则填补了这个空白。

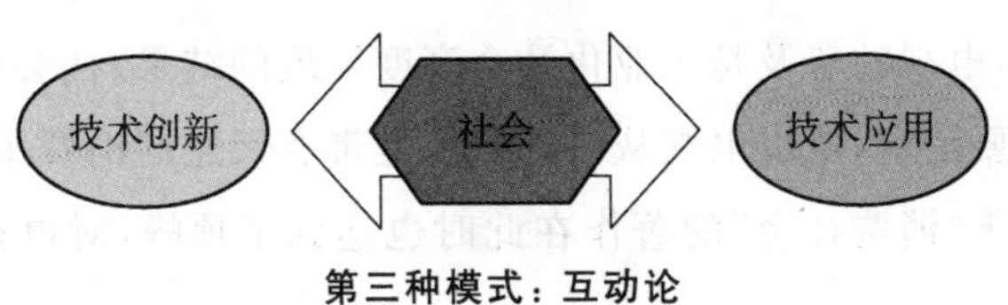

第三种模式：互动论

在互动论者看来，社会结构对技术革新有很明显的促进或者压制作用，两种力量的交互作用才是推动社会变迁的根本力量。无论从哪种理论视角来观察，媒介范式均有涉及，媒介的每次革新，要么与社会趋势相契合，要么呈现互动博弈。

1. 媒介发展与社会变革

造纸术无疑是媒介发展史上光辉灿烂的一页。造纸术普及之前，中国顶层社会的贵族统治特征十分明显，尤其是魏晋时期的家族门阀政治尤为突出。随着造纸术这一媒介技术的成熟发展，直接催生了大量的基层知识分子，知识的扩散，相应的社会权力中心不再高悬在上，社会底层公众至少有了向上流动的机会。“旧时王谢堂前燕，飞入寻常百姓家”，这一社会历史的变迁背后推动力无疑是媒介技术。无独有偶，在西方，皇权贵族与宗教权威的统治持续了很长的时间，直到古登堡印刷机的发明，引发了普通民众思想的觉醒，并直接导致了宗教改革：圣经普及有了可能，人们不再唯一相信宗教权威对经典的解读，不再通过“教父”与上帝沟通，因信称义，相应的社会权力中心也随之发生了极大变化。当历史学家审视这段历史时，无不对以古登堡印刷机为代表的新型媒介技术给予了大量笔墨。从社会结构来看，纸媒培育的是文化精英，相对于皇权统治、宗教统治而言，这无疑是一个巨大进步。

电子媒介伴随着工业化进程应运而生，顺应并满足了工业化社会的发展需求。首先广播的诞生符合工业化集中生产和广泛社会动员的需求，如二战时期，广播在战争动员方面发挥了巨大的作用。二战结束后，全球工业化水平发展到了一个新的阶段。此时电视开始逐渐普及，电视的普及是工业化社会高度发展的结果，社会堆积大量的产品需要消费，所以电视从一开始就是带有天然的消费主义基因。学术界关于“消费社会”的著作在此时也达到了顶峰，对电视的批判一度成为传播学研究的热点问题。无论广播还是电视，电子媒介的单向传播的特性决定了它们在塑造人际关系方面所能发挥的作用。更多的情况是，电子媒介受到经济、政治力量干预，成为为企业谋取利益、政府维系统治的工具。发挥这两种作用的前提是工业化进程快速发展和消费社会的崛起。因此，不能认为电子媒介对社会关系的发展有着颠覆性作用，本质上是维系社会关系现状的良好工具。

互联网的媒体本质属性是双向互动，从内容生产、传播渠道、传播路径、受众特征等方面有着颠覆性的改变。首先 UGC(用户生产内容)模式使得媒体的内容生产摆脱了对知识精英的严重依赖，草根文化的崛起对精英文化产生了去魅效应；再者传播渠道和路径日益复杂化，形成了多重传播路径和多种渠道融合的生态系统，受众在互联网文化的浸染下日趋多元且"挑剔"，小众文化大量衍生。从传播学的意义来看，新媒体的传播属性在很大程度上改变了社会。就本书论题而言，社会关系的变化尤为明显。

从微观来看，在电子媒介时代，受众的关注度是最核心的传播效果问题，注意力经济也是电子媒介的最终诉求。但是在虚拟空间，受众的注意力不再聚焦，网民通过网络构建起各类关系，嵌入多个虚拟社群，甚至将线上关系逐渐转入线下关系。关系的构建方式发生了巨大的变化。我们目前虽然无法通过精确的数字来量化新媒体对个体关系构建所带来的影响，至少有一点可以肯定的是新媒体为公众带来了新的关系构建渠道，且这种趋势正在深化，从早期聊天游戏的生人关系，个体的关系构建范围在更大的时空内逐步扩大。从宏观来看，社会关系的原子化状态逐步在消失。虚拟空间帮助人们寻求到了具有共同兴趣、利益、价值观念的社群。特别是随着社交媒体成为人们生活的一部分，互联网的"社区重建"功能越来越凸显，虽然虚拟空间的社区和线下社区存在着较大区别，但从人际关系衍生和发展角度来看，这是一个巨大的进步。

从狭义来看，媒体的功能就是传播信息，但是从广义的媒介作用来看，它与人、社会深刻融入一起，共同交织成为了社会关系的一部分。在社会的任何时期，媒介始终是社会关系的承载和维系工具，在媒介高度发达的今天，我们可以提出来“媒介即关系”的论断。为了更深入从媒介理论范式探究新媒体对社会关系更深层次的影响，我们有必要对不同种类的媒介在更宏观的社会关系层面进行剖析对比。

2. 媒介与社会权力结构

英国学者布里恩·温斯顿(Brian Winston)认为媒介技术与社会权力互动的过程是激进与压制并存的状态，在某些时候媒介会促进社会急速进步，但在特定历史时期，会压制社会进步。我们并不赞同媒介决定权力的论断，同时也不认为媒介结构是社会权力的投射和简单反映，我们应当采用“不断互动的过程”角度来分析二者关系。有学者观察到：

> 任何单方向的决定论，无论是技术决定论还是所谓的文化决定论都无法全面合理地解释媒介与社会的关系，因而都是我们应该警惕的。一方面，技术决定论将技术视为影响个人与社会的唯一因素，无视实质的社会、政治和经济权力，与事实不符；另一方面，认为技术完全被外在力量所决定，同样也是片面之词。毕竟，人类生活过程中，影响力的来往从来就不是单方向的，它更应该被视为一种过程。在这一过程中，各种社会权力因素相互竞争与较量，一起对媒介施加影响。[1]

---

〔1〕韦路、严燕蓉：“媒介：讯息还是权力”，《武汉理工大学学报：社会科学版》，2004年。

因此，从二者互动角度来看：单向传播媒介是维护权力的有效工具，同时二者的互动是一个不断加强的过程，伊尼斯在《帝国的传播》一书中，细致入微地描述了几类单向传播媒介对维系帝国统治起到的隐秘作用。传播学的经验学派和批判学派研究的起始点不同，但研究媒介属性的主线是放在了媒体和社会制度之间的关联，无论是优化还是批判制度也好，单向属性的媒介功能所能深刻改变的仅仅是信息传播的结构，并影响其背后的权力关系结构。也就是说，传统媒体与社会的背后其实是以社会权力为核心的。双向互动媒介具有消解权力的倾向，同时也会强化某种群体性权力。如果将媒体分成单向传播技术和双向传播技术两类，引入权力因素，我们可以得出媒介技术对社会关系的影响逻辑。

如前文所述，在造纸术发明前，中国的官宦多来自于贵族皇亲，造纸术发明后，大量平民草根群体参与到政治活动中来，成为社会结构的第一次大变革。造纸术的作为传播载体，其实是社会知识权利分化传播的工具，在某种程度上极大刺激了社会结构的变迁。报纸诞生在权力结构分明、社会等级呈现金字塔的时代，长期以来既在传统权力的掌握范围，同时又被新型权力阶层所利用，为社会进步变革的进步工具。清末民初，大量进步人士积极利用报纸，为推动革命营造了良好的社会舆论基础，保皇势力同样也在利用报纸进行思想宣传，报纸在此时期承担的就是社会“进步与压制”的双重作用。

人类进入到电子媒介时期后，媒介与权力的互动关系更加隐蔽。戈夫曼将人的社会活动分成前台和后台两个场域：在前台，个人遵循已有的社会规则与秩序进行角色扮演，后台则是人们为前台表演做准备的非正式场所，可以抛开现实规则的约束，进行更加自由的表演。[1]

〔1〕[美]欧文·戈夫曼（著），冯钢（译）：《日常生活的自我呈现》，北京大学出版社，2008年。

电子媒介的出现，使得前台后台的边界开始模糊，权威人物的日常私生活、音容笑貌被丝毫毕现地展现出来，权力失去了威严感和神秘感，这是电子媒介对于社会权力产生的隐秘影响。人群的离散程度和媒介影响范围成正比，持续高密度的媒介发展其实是人群在工业化时期原子化的最佳支撑。新媒体则是社交属性极强的媒介，它对传统社会结构具有超越性的推动作用。互动性媒体倒逼社会组织重新改造，原来金字塔形的、具有明显权力中心的组织在新媒体环境下越来越不适应，失去创造力和竞争活力，以互联网企业为代表的扁平化管理制度越来越受到欢迎，新兴的工作组织和团队逐渐盛行，弗里德曼所描述的扁平化世界越来越清晰。

从以上断代分析来看，每一个历史时期，恰恰存在着适应当时社会发展规律的媒体作为支撑，它对社会关系的转型及维系，起到了极大的推动作用。但是我们不应该过分夸大媒体的作用，每一种媒介形态都是建立在当时的生产力基础之上的，我们应当把它当作社会发展体系中的一个要素来看待。

除了以上两种研究范式外，还有学者从社会文化乃至宗教类型切入，对不同时代的支柱型文化进行剖析，尝试从文化基因的角度寻找出彼时社会关系结构的特征、根源及影响。但是这种研究偏向静态社会，注重关注文化内核差异对社会结构差异的影响。该部分内容将做简略介绍。社会文化研究路径往往会进行东西方的比较。在农业社会时期，东方起到主导作用的是儒家人伦文化，“伦”本身就是关系层次的界定，“士农工商”的社会身份认定，是受到“伦”深刻影响的外在体现，除此之外，人情、面子、报等概念也在研究者的视野之中。关于中国关系的文化本质含义，本书将在第六章有深入涉及。

相比东方，西方经历了漫长的宗教势力占主导地位的中世纪，神权理论对社会人际关系的塑造能力强大。如印度的种姓制度，即使到今天依然可以在印度某些地方感受到其巨大的塑造能量。跨文化传播学者霍夫斯泰德认为：东方人际关系是浑然一体的，因为它是在儒学动力的文化圈层内，而西方人际关系相对独立，因为其是在个人主义动力的文化圈层中衍生出来的。从总体上看，社会文化视角本质上是一种综合性的阐释性理论，力图寻找社会关系结构在一定时空内的合理性和必然性。

第二节　互联网：一种综合性的力量

本书无意区分以上理论范式的优劣，仅就本书论题而言，我们需要从根本上去探析互联网对社会关系产生的多层次影响，那么首先要对新媒体的属性及功能有清晰的认识。在媒介专家来看，它是一种新型媒介，在经济学专家来看，它是一个新兴经济平台，在社会学家来看，它是当代人类连接的一条新纽带。约翰·奈斯比特认为：计算机技术对于信息社会的发展意义，可以等同于机器对于工业社会的意义。[1] 蒸汽机将人类带入了工业社会，机器是工业社会基本的运转工具，它不但影响了经济形态，也使社会权力发生了深刻转移，同时催生了新型的社会组织结构，塑造了工业文化生态。根据奈斯比特的论述，我们到现在已经能够清晰地认识到：新媒体已经不再是单一功能的产物，它具有综合化的力量，必然会对社会产生全方位的影响。如果想进一步了解新媒体综合化力量产生的内在逻辑，需要从以下几个方面去认识新媒体渐进发展的路径：

- 交互式媒介改变了信息传播方式，解构了原有的信息权力结构，促进社会人群进行重组，首先从形式上改变了社会连接形态；

---

〔1〕Naisbitt John、Megatrends，*Ten New Directions Transforming Our Lives*，Futura，1984.

● 带来了新型经济发展平台，不断颠覆、超越传统经济组织架构，同时为人们带来了新型生活方式和组织方式；

● 催生了新兴网络文化和观念意识，改变了知识生产结构，对社会结构向“社群”转变产生深远影响。

一、超越媒介观

在互联网早期研究中，传播学、政治学、社会学等学科均将互联网看作是社会特定领域“物”的增量：它是一种新兴通讯技术，一种新型媒介。但正如第一节所言，互联网的发展已经超出了单纯“物”的范畴，随着与人们日常生活的日益紧密，我们突然发现它开始了“地域”的扩张，在这个地域中，人们有了全新的社会生活方式，甚至有了新的思想和观念，人际关系也悄然变化。这一切看似突然而至，但其背后却有逻辑可循。与纸媒和电子媒介相比较，新媒体最大的一个特点是其交互性，以交互性为核心属性的产物必然会对人类社会产生全方位的影响，而不仅是媒介属性。

如前文所述，我们不能够将互联网的发展当成是简单的发明和创造，它是一种全新的社会机制。对于这个具有历史断代意义的产物，如单纯从媒介角度去剖其难免挂一漏万。崔宝国认为，网络社会存在着以下五个显著特征：

> ①信息社会是人类社会发展的一个新的历史阶段。②支撑信息社会的是信息科技的高度发达和高度普及，特别是媒介技术的发展使传播媒介不断庞大，形成一个全球化网络。由媒介社会的生产和媒介提供的服务构成了信息产业的基础。③信息产业的迅速崛起的巨大化，改变了工业化时代的社会经济结构，也打破了传统的国际关系，出现了一个全球化社会。④信息产

业的增长改变了人们劳动就业的结构，改变了人的生产和社会方式，并导致社会体系和社会文化方面产生深刻变迁。⑤信息与知识成为重要的社会财富。信息社会是信息大量生产、传播、消费的社会，由于这种信息大量传播使人类能够共享信息、知识与技术。[1]

从以上五点特征来看，互联网不仅仅是具有媒介属性，它还是具有文化、经济属性的新载体。进入20世纪后，互联网的发展形态逐渐呈现多样化。WEB1.0时代向更高层次发展，并不是简单线性增长，而是充满了复杂的变革力量。在这个过程中，新媒体首先对传统媒体造成了极大的冲击，然而其变革力量并未止步，从公众信息接收模式到生活方式，再到公众思想精神层面，无一不受到巨大的冲击，甚至是颠覆的变革。

随着电子商务平台、娱乐游戏平台、社交平台和O2O项目井喷式爆发，互联网已经超越了媒介属性，如果在十年前，还好给新媒体下一个定义的话，那么到现在来看，它变得越来越复杂，成为了现代社会生活的基础架构，已经难以从任何学科、任何专业角度来进行相应的定义，界定其概念范畴。在这种情况下，我们就应该用一种全新的视角去看待互联网，首先是要突破传统的概念印象，另外需要建立一种全新的综合化理论视角去综合性描述互联网的力量和影响。

如前文所述，我们已经不能够将互联网仅仅看作是媒介。固然，从传播学学科背景来讲，用媒介理论视角进行突破是一种理所应当的“理论自觉”，然而媒介理论已经不能够完全解释纷繁的现象，经典传播学理论也是建立于传统媒体的现实基础，理论界需要更为宏观

[1] 崔宝国：《媒介变革与社会发展》，南京师范大学出版社，1999年。

的视角和综合能力。与纸媒和电子媒介不同，互联网极大超出了媒介范畴，因此本书论题是一个跨学科的问题，因此我们首先坚持的观点就是在理论上超越“媒介观”。超越不是抛弃，而是应当在媒介理论基础上，不断增加扩大理论观察视野。

无论是麦克卢汉还是梅罗维茨，他们对媒介的论述均建立在明确特定的媒介属性，在他们的笔下，电子媒介和纸媒对社会进步起到了极大的促进作用，无疑此类论断到现在都不为过时。从互动媒介角度来看，新媒体又超出了传统理论的范畴：其对社会变革能量远不止于信息背后的权力结构改变。

二、一种新型的生存方式

尼葛洛庞帝在《数字化生存》一书中，详细预言了人类即将进入的数字化生存环境，在这个全新的环境下，权力不断分化，公民被赋予更多权力，全球化进程加速，人们选择更加多元。我们今天来看，这些已经成为现实并且清晰地展现在我们面前。在尼葛洛庞帝看来，数字化是当代社会赖以生存的必备要素。互联网的快速发展逐渐把我们带入了一种新型生存环境。在中国，新媒体对生存方式的影响是渐进性的。首先影响人们生活方式的自然是在信息传播领域：传播内容无限丰富，传播渠道多样且易得，多种观点和内容同时存在。信息获取的便利性成为我们时代的必要元素，同时信息过载也成为人们日常生活的一大隐形烦恼。

在第二个阶段，互联网成为工作必不可缺的工具，信息技术对各行各业工作模式的提升力度是前所未有的，极大提高了人们工作的便利性，提高了效率，且使得工作更加趋于“细节化”、“流程化”和“规范化”。在这个阶段，互联网得到了极大普及。

第三个阶段是对人们日常生活便利度的提升。随着互联网络使用在极大范围内普及，其大规模介入人们日常生活成为了可能。中国最为明显的例子是电子商务爆发式的增长，人们在享受到电子购物便利的同时，国民的消费场景、领域和心理也在发生重大变化。自2014年起至今仍火爆异常的O2O(online to offline)项目大爆发，更是大规模的生活便利度提升，在出行、教育、餐饮、家政服务、金融等各个传统行业、各个生活层面展开了声势浩大的改造。

第四个阶段是建立在以上三个阶段基础之上的——人的多元化。信息量的无限丰富，工作生活日趋便利，从本质上冲击了原有的社会结构，如尼葛洛庞帝所预言的权力去中心化。首先是观念和价值观的多元化成为主流趋势，再者生活方式和目的也发生重大变化，人们互动对象和社会活动范围趋于"乙醚化"：没有方向地四处扩散，同时又慢慢沉淀，形成线上线下社群互动的格局。

以上四个阶段清晰地展示了互联网作为一种生存方式所带来的现实结果。从单纯的工具性器物到目前生存必不可少的生存元素，这个过程仅仅用了不到二十年。

三、综合化的变革力量

在笔者为书稿写作走访调研时，中国IT行业的圣地——中关村正处在痛苦的转型中。传统的技术产品销售基地受到电子商务的影响已经基本没落，依靠"咖啡馆"、"车库"等孵化基地的创新创业经济增长模式和路径还不是很清晰。短短二十年的中关村历史也是中国快速变化的一个缩影。与此同时，线下实体店铺经营越来越困难，商业地产面临着巨大风险，相比较传统行业，互联网企业的就业人数屡创新高，在经济领域大出风头，屡屡成为媒体关注的焦点。在高校，在线教育的推广如火如荼，互联网养老、互联网金融、互联网医疗等各个行业均在突飞猛进，即使是在中国农村，人们也在深刻感受到时代的变化和新媒体技术日新月异的发展。早在十多年前，中国学者就观察到了媒介对经济的巨大推动力量：

> 从经济方面来说，媒介也具有强大的冲击力。首先，媒介技术本身就是一种社会推动力，或曰生产力。有学者认为，现代生产力由三个层次的要素组成：一是基层的物质要素，主要是劳动者、劳动资料、劳动对象等最一般的实体性要素；二是中间层次要素，指的是附着、渗透于生产力的实体要素中或者活跃在实体要素之间并且对实体要素潜能的发挥起越来越大作用的科学、技术、教育、信息等要素；三是最高层次要素，主要指起着合理组织生产力职能作用的管理要素等。因此，作为科学技术重要组成部分的媒介技术理所当然也应是现代生产力系统中不可或缺的组成要素之一，是推动社会生产发展和促进人类文明进步的一股重要力量。[1]

面对现实，研究者不得不接受这样的现实：理论定义的互联网已经不足以全面认识其全貌。因此，本书重要的论点是将互联网当作一种社会的综合性力量，它将在全方位改造人类社会，重塑人类生活方式。

以上论述局限在物质的生活层面，新媒体综合化力量已经初步展示出来了其对人、文化、社会、经济、政治等方面全方位的渗透与变革。在过去的十年间，互联网对社会观念等形而上的体系影响巨大，在虚拟空间衍生出了礼仪规范、价值观念、利益情感诉求，这些是新生的虚拟社会必要机制。从中国目前代际结构来看，90 后是自出生

〔1〕韦路、严燕蓉："媒介：讯息还是权力"，《武汉理工大学学报：社会科学版》，2004年。

到成长一直“触网”的一代，其价值观念和人生观念完全迥异于前几代。是否触网及触网习惯如何，成为人群差异划分的重要变量。

源于 1999 年的网民集体行动进入到新世纪后，从早期的民族主义情绪的表达，到阶层利益诉求表达，再到倒逼体制改革、立法改革，新媒体体现出了巨大的推动能量，当然我们也不可忽视的是其潜在的负面能量，这些都体现出了新媒体在政治参与、社会组织生活中起到了越来越大的作用。

阐释到这里，我们如果再往前走一步，就又陷入了“技术决定论的”泥潭，在从“技术”到“社会变革”过程中，存在复杂的逻辑，在接下来一节，我们需要回到中国社会现实，从逻辑上认识清楚技术作为综合化变革力量的本土逻辑。

第三节　社会关系变化的本土的逻辑

十多年以来，中国传播学界在“新媒体与社会”研究范畴内的理论参照基本上来源于国外，西方的研究方式和理论架构占据了学术界的话语权。现实问题是，西方理论基础是建立在本土经验之上的，中国本土现实却与西方存在着较大的差异。首先从社会关系发展的历史来看，西方的工业化水平发展阶段早于中国，且西方大量的俱乐部、社会团体的存在是其人际关系网络的重要枢纽，中国在工业化和城市化进程中，社会关系枢纽设施是缺失的，同时多重社会发展现状在虚拟空间中并存，这种复杂的交织是西方理论的现实基础中所不曾遇到过的；再者，从当前社会发展阶段来看，西方属于线性发展，而中国本土呈现出跳跃式的重叠交错，我们在工业化进程中，快速发展了信息产业，二者的交织和城市化进程，促使中国社会关系结构呈现出了更为复杂的形态；最后从文化政治体系来看，中国本土的“关系”

文化仍然发挥着重要的作用，急速变革中的社会治理体系与静态的“关系”内核形成了明显对比，这是西方社会所不具备的现实研究基础。

基于以上所述，中国本土有着更为丰富的现实元素，研究者应当着力建设本土理论基础，而不应当照搬西方理论进行简单的解读与演绎。观察新媒体对中国社会关系影响的路径，首先我们应当对中国现状进行剖析，进而归纳出本土问题的独特性。简而言之，我们必须正视中国出现的现象，从本土问题出发，发现本土问题，构建起本土问题研究体系。

一、技术与现代化的双重作用

自改革开放以来，中国一直在全速追赶西方的工业化和城市化进程，迅速的城市化直接带来了多重文化的交织或破碎，人际关系呈现出既“乡土中国”又“原子化”又“网络化”的交织状态。超过3亿农民工是城市化进程的主力军，每年有大量的毕业生涌入中心城市寻求发展，除了物质上的现代化以外，价值观念的现代化以多种形态悄然兴起。这在中国历史上是从来没有过的。

1. 现代化与传统的交织

现代化的发展成为了我们本土主流意识，同时中国社会也在承受着现代化进程所带来的冲击和不适应，也在逐步衍生出现代工业化文明体系。从本质上来看，中国从农耕文明向工业文明的进程自改革开放以来处于加速状态，超速的现代化带来了急剧的社会冲击，人与人之间关系不仅仅是西方所呈现出来的“原子化”状态，而且是两种文明交织在一起的混合体：一方面是农耕文明观念下的“集体”、“和谐”传统，另一方面是工业化所要求效率、分工等工具化要求，二者交织构成了过去三十年来社会变革阵痛的主要来源。

当中国本土社会并未完全消化二者冲突之时，新媒体悄然而至，它所带来的冲击，不亚于急速的工业化发展。因为中国互联网的出现于西方有着本质的区别：第一，中国现代化进程并没有完成，与农耕文明的交融还没有完全沉淀，社会结构处在变动状态，虽然目前来看，我们存在着阶层固化的趋势，整体上社会阶层流动还处于一个相对活跃期；第二，中国社会治理的体系中，政府是主导力量，与西方繁盛的民间组织和社区形成鲜明对比，此时中国社会治理体系的改革促使社会呈现多种形态，也带动了社会关系建立、发展呈现多种形态；第三，中国本土关系文化内核仍然是关系运作的主导，它如同文化基因一样深刻嵌入国人关系运作模式中，与此同时，新生一代的人群却更加认同虚拟关系的文化，多重的交织使中国呈现出更多的代际差异。

综合以上三点，中国所呈现出来的特征总体可以归纳为：农耕文化的基因和现代化社会组织的交织，新媒体衍生的虚拟关系文化和传统关系之间的代际差异。

2. 技术与现代化的融合

在过去三十年，中国一直在为努力实现工业现代化而努力，但是在我们还没有完全完成之时，“过早”接触到了互联网，使本土发展产生了“后发优势”。新媒体的大规模使用，为处于工业化时期的社会提供了便利的关系构建平台，因此中国并没有形成西方学者所描绘的工业化时期社会原子化的结果。社交媒体为流动人口巩固了既有的关系，同时发展了新的关系，西方学者在 20 世纪 90 年代也有同样的发现。但是西方学者同时指出：新媒体为流动的人口提供了融入本地的媒介基础，促进了个体在新环境中本土化关系的建立。这个结论在中国并不一定适用。一些乐观的学者认为西方研究结论是适用于中国的，并做了大量的田野调查试图证明这个结论。我们应当认识到：中国城市化进程和流动人口的本质内涵与西方存在着较大的差异，城乡二元分割状态让农民工很难融入本土生活，城乡之间的巨大社会鸿沟割裂了涌入城市人口的本土化关系建立渠道。中国的城市流动人口保持着极为强烈的乡土情结，在实际交往中也往往依靠老乡和熟人，另外与西方不同的是中国城市缺少稳定关系构建的系统，本土化的困难程度较高。因此，新媒体在促进中国流动人口融入本土社区，建立新型关系方面作用有限，这是由长期以来的社会结构和社会关系文化共同作用导致的。

二、跨越式发展的多重叠加

现代化进程既是物质层面的发展和进步，同时也包含着社会文化、制度等层面的提高。急速现代化催生了多种利益群体，新媒体为利益群体提供了有效、公开的利益诉求表达平台，以群体共同利益体的面目出现在虚拟空间，形成了宏观的松散的社会群体连接。

中国现代化进程十分复杂，除了新兴经济体衍生了纷繁复杂的利益群体，我们还应当认识到城乡和地域差异在现代化进程中的巨大作用。在过去三十多年，中国维持了经济高速增长，社会机制的建设其实是远远落后于物质建设。多重发展阶段的叠加，使得社会群体和诉求更加复杂化，新媒体放大聚焦了这种趋势。新媒体是融合了这些边缘群体还是更加碎片化中国社会，这应当是一个需要深入探讨的问题。

我们所说的社会发展的多重叠加，除了利益群体分化，社会诉求多元化以外，信息传播的受众更是呈现多个特色鲜明、地域鲜明、亚文化鲜明的叠加。从上海的女白领到甘肃放羊的小伙子，都有机会在虚拟空间自我表露，获取信息，受众分层更加细致。如果说工业化打破了封闭的农耕文明下的社会关系结构，新媒体则让群体更加细分，整个互联网像巨大的蜂巢，不同类型的蜜蜂飞进蜂巢，不同的群体成员经常在网络上展开论战，同时个体对自我身份的认同、群体情感的依赖越来越强烈。

长期以来，由于中国当代发展的变化性，导致代际之间的差异程度远远大于其他国家。50 后的一代，受政治影响较为深刻，接受教育程度普遍较低；60 后一代初步接受了系统教育，并且所受政治思潮影响相较于上一代较小；70 后则在教育、经济等领域享受了社会转变的红利，一方面享受了体制内的特殊待遇，同时也抓住了时代变革的机遇；80 后群体则是迎接现代化社会激烈竞争的一代；90 以后的一代，则完全生活成长于新媒体环境，体制内的思维和传统习俗的文化在他们身上并未体现多少，且经济压力普遍较小。纵观中国人际发展的几代人，我们均可在虚拟空间发现其特定活动的平台，多种意识、诉求的交织，共同构成了当前虚拟空间的群体分隔。这种较为明显的代际差异，在其他国家并不多见，这恰恰是我们观察研究中国社会关系的基本现实基础。

三、消失的数字鸿沟与不变的“关系”

现代化和新媒体技术像是给社会公众提供了舞台，在众声喧哗下是社会利益和价值观念冲突的表现。在这个现实背景下回到传播学理论视域，数字鸿沟是否横亘在各个利益群体之间？网络利益诉求的表达本身就是不平等的？要回答这个问题，我们需要回顾数字鸿沟的本质。数字鸿沟是在电子媒介时代提出来的概念，也是社会权力在信息层的体现，同时也加剧了社会的不平等。新媒体是否存在同样的问题？本书认为：在新媒体时期，数字鸿沟的概念需要重新审视。信息不平等现象肯定存在，但是它的表现形式和机制发生了变化。电子媒介作为单向传播媒体，内容生产和传播渠道十分明确且简单，把关人的议程设置作用十分强大。然而新媒体平台为多元分裂的社会提供了重新整合的机会，不同群体聚集在不同类型的平台，在某种程度上它的社会整合能力高于电子媒介。

对于社会关系的研究，三种理论范式均有力地解释了历史变迁。本书不会从技术作为生产力、技术作为传播工具和宏观文化视角切入，而是从多个层面分解了互联网的变革力量。互联网在中国普及二十多年以来，它的发展伴随着我们现代化和全球化的进程，同时也在不断塑造新的经济基础和商业模式。新媒体对我们社会的介入和影响是全方位的，因此我们应当将新媒体看作当前社会发展的推动器，其综合化的改造力量投射在社会关系结构，为我们呈现出来的是一个混杂的形态。如何去认识我们"网络社会"的关系形态，它必定会呈现出一些规律性的特征。接下来，我们将讨论分析新媒体环境下的社会关系特点和新类型。

第二章　网络社会的特征

当我们开始审视所处时代的社会关系特征时，发现已经无法用概括性的语言来描述它，因为它有太多的层次，呈现出过于复杂纷繁的现象。韦伯斯特(Webster)认为所有信息社会的概念在指出更多的信息数量、信息产品、信息占有和信息工具等现象上是有益的，但不能概括这一社会新的本质。[1] 具体到学理性研究，我们无法给出诸如贝尔"风险社会"和弗里德曼"扁平社会"的概念性答案，曼纽尔・卡斯特(Castells, Manuel)认为：所有社会都建立在信息基础上，因此"信息社会"不能够完全描述当前社会，他认为我们处在"信息化社会：这是一种特殊的社会组织形式，其中信息的产生、发展和传递成为物质生产和能量的基础来源。"[2]因此我们只有通过在各个维度上的对比才能发现其内在特质。前述已经阐明，截至目前，人类社会结构经历了三种类型：农耕社会，大众社会，网络社会。三种社会类型分别对应着不同的经济基础、文化特质和媒介基础，同样，

〔1〕 Webster, Frank, "The Information Society Revisited", in L. Lievrouw Handbook of the New Media, London, Thousand Oaks, New Delhi: Sage, (2001).

〔2〕 Castells, Manuel, "The Information Age: Economy", *Society and Culture*. Vol. I: The Rise of the Network Society. Oxford: Blackwell, (1996).

在不同的发展阶段，社会结构也会存在不同的形态。

费孝通先生形象地描述了农耕文明下中国社会的人际关系状态：以个体为圆心，投入一颗石子泛起涟漪，这个涟漪的圈层结构就是典型的中国人际关系特点。费老所描述的“熟人社会”是建立在农耕文明基础之上的，在严格意义上，传统的乡村社会并非皇权统治链条上的一环，“皇权不下乡”留给了传统乡村自治更多的操作空间。在中国乡村长久以来最强有力的统治力量是“教化权力”，它长期以来被掌握在知识精英和乡绅手中，犹如软性的丝带，无处不在维系着整个中国社会正常运转。人际关系也在这种氛围中逐步演化生成。“礼”是这个教化权力中最为核心的概念，也是最强有力的武器。关于这一点，本书将在最后一章有更为详细的论述。

进入工业社会后，农业为主的经济结构解体，社会关系进入了大众社会阶段。当中国改革开放后走向工业化快车道后，立刻涌现出来诸多社会问题。如人际关系的疏远和功利化、公共道德滑坡等问题，公众一般将这些现象归结于社会道德的沦丧，教育制度的失败，信仰的缺失，新生代素质道德教育缺失等，其实这些问题的本质是社会关系结构调整的阵痛。在这一时期，学者们公认“中产阶级占据社会的主体，是现代社会走向稳定的重要结构因素”[1]，因此在工业化社会中产阶级是社会结构中最重要的一环。此时，学术界依然是按照社会经济地位来对人群进行阶层划分，希望通过达到“橄榄型”社会结构来实现社会稳定的目标。

在这一阶段，对全社会人群来说，陌生人大量出现，人们日常交往的对象不再是以熟人为主。从历史现实来看，中国人缺乏和陌生人打交道的经验，过去我们生活在一个高密度、彼此熟识浑然一体的

〔1〕丁未：《结构社会与媒介效果——“知沟”现象研究》，复旦大学出版社，2003 年。

"熟人社会"中。西方学者也观察到了中国人的信任只局限于熟人之间,陌生人不存在信任。这种观察到现在也不为过时,因此有很多人将这种现象归结为中国人的劣根性,民族精神的瑕疵。但是单纯的道德批评并不能触及问题本质核心,如果我们重新审视一下当前中国人际关系的基础,就会有新的问题观察视角:首先不可否认我们处在一个剧烈的转型期,从农业到工业社会,再到信息化社会,我们犹如在一天之内经历了三个海拔高度,精神发展落后于物质现象是我们当前明显的特征。西方社会同样也经历了这样的历史阶段,工业化初期,西方大量的小说描绘了类似《我的叔叔于勒》中的情景:亲人关系物质化,金钱化,人和人之间的关系淡漠,中国当前的现象其实也在经历着同样的历史进程:工业化和急剧城市化带来的人际关系危机。

在经历了工业化进程后,原子化的个体逐渐趋向稳定和聚拢,在西方社会研究视野中,学者们将目光投向了社区建设。在新媒体时代,传统的人际关系的经济基础依然存在,但新媒体重新塑造了一个集成化的、综合性的新经济体。经济发展对创造力的需求促使大众社会的工作模式发生转变,组织结构扁平化,公众连接方式和互动也与工业化的大众社会有很大的差异。通过以上的简单梳理,我们可以清晰地洞察到当代社会关系出现了巨大的变化。为了更明晰地理解三种类社会关系差异,我们将在多个维度进行更深入分析。

第一节 关系运作层面的差异

随着时代变迁,人们从原始社会的集体劳作、集体平均分配进入到了高度分工、效率优先的社会互动关系中。在不同文化中,关系构建的基础和平台存在着较大差异,其中有横向的东西方文化差异,同时也有时间上的纵向差别。关系运作的机制在时空中不断发生变化，直到互联网阶段，社会网络运作的形态已经十分复杂。

一、关系构建的基础差异

“老吾老以及人之老，幼吾幼以及人之幼”是儒家文化所崇尚的最理想的社会关系行为，但是这种理想关系模型在现实中仅仅成为了富有诗情画意的想象，引导农业社会关系的核心是深植于中国农耕文明体系下的行为规则。首先，血缘是农耕社会最主要的社会关系，在特定环境下甚至是唯一的社会存在基础。无论东方还是西方，血统是社会权力运作的重要维系机制，在中国皇朝历史上频频上演嫡庶之争，以血缘为划分依据不断明确强化权力的规则。欧洲皇室之间近亲通婚以确保血统正统，也是为了维系以血缘为基点的规则。在这一点上，东西方还是存在着差异。相比较西方而言，东方儒家文化圈更加重视血缘的重要性，从我们丰富的描述血缘称谓的词汇方面就可以洞察“伦”在中国关系建立基础上的重要性了。“差序格局”也是对以血缘为核心的关系构建基础的描述。西方除了血缘以外，宗教的力量能够渗透至皇权，宗教的“血统”也不容忽视。

再者，除了以血缘为基础的关系之外，“地缘”关系十分重要。中国社会有十分悠久“同乡文化”和丰富的“老乡情谊”行为规则，“攀老乡”成为关系构建的重要手段，“老乡会”无疑是扩展关系规模的重要平台。这与以土地为核心的农耕文明是密切相关。总之，农耕社会建立关系的基础是先赋性的，并且具有超级稳定结构。在这一点上，西方文化缺少中国那种深深地乡土情结。

工业社会催生了大量新生行业，职业的细分程度越来越高，人们必须学会相应的技能，掌握某些职业知识，融入特定的职业场所和关系网络，才能够适应工业社会并生存下去。正是此种内在需求，以职业为纽带的关系构建基础形成。虽然在大众社会"血缘和地缘"的关系构建基础并未消失，但是其重要程度在下降，因为唯一性被打破。人们除了具备先天赋予的人际关系网络外，可以通过自身努力获取新的社会身份和地位，建立全新的关系网络。这对个体来讲是一个巨大的进步，大众社会相较于农耕社会来说，个人关系构建的自由度增加，是历史的巨大进步。在工业社会，以职业为基础的关系运作模式衍生出来诸多职场文化和职业规则。

网络社会囊括了前两种社会所有的关系构建基础。就本土情况而言，血缘和地缘的基础性影响仍然存在，"业缘"的重要性逐渐上升并且日趋成熟化。社交媒体的介入，扩充了关系构建的基础，这是因为开放化的平台拓宽了人们建立关系的范畴，并且在虚拟空间的关系建立规则不同于现实，减少了阶层差异、地域限制等束缚，人们可以在更大的范围内构建新型关系。开放的平台和关系构建便利性增加了新的变量：攫取性关系，包括情感、利益等。为了各自需求，个人嵌入不同的关系网络中，犹如威尔曼描述的"个体化的网络"，但是与威尔曼描述不同的是：网络社会越来越呈现出多层次嵌入的特点。

二、建立关系平台的差异

前述各类关系类型，均需要有承载人际互动的设施或场所，在不同历史阶段有着不同的形态。在中国，农耕社会的主要人际互动场所是家族宗祠，呈现出浓重的血缘色彩。在西方则是教会承担了人际关系互动的功能。无论是宗祠还是教会，都具有明显的地域特征，受地理位置的局限。作为关系构建的平台，二者还作为文化共同体的载体而存在，它们犹如农耕时代的图腾崇拜，具有文化和权力双重含义，此时的关系构建平台是超级稳定的，并与人的生存环境融为一体。

工业社会人际互动场所突破了地域限制，随着职业越来越细分，各类行业协会、社团、俱乐部成为人际关系互动的主要载体。相较于农业社会，工业社会时期的人际互动场所有明显的行业色彩。简·梵·迪克认为在工业化时期的大众社会以职业为纽带而汇集，在社会单元内容呈现出更多的包容性和团结特征：

> 大众社会的基础成分是家庭，村庄或城市的近郊这样紧密相连的社区中的多代同堂大家庭。在大公司中，其他大众组织开始出现，比如合作密切的轮班和部门。大众社会的基本成分或单位是相似的……大众社会单元的内部联系是中心化的。作为对中心化的补偿，关系的包容性很高。相互联系的成员很多，而且他们极少被孤立或者被排斥。大众社会比网络社会更多的具有团结的特征。在大众社会，每一个单元（社区、家庭）只能接触到一种或很少的大众媒体，比如一家当地报纸，一家全国性的报纸，一个或很少的收音机或电视频道。所以，与现在网络社会的标准相比，大众社会媒体的数量是相对较少的。[1]

但是简·梵·迪克并没有注意到的是：此时家庭和社区的功能其实在下降，取而代之的则是大型社会服务机构，分解了原来家庭、社区应当承担的功能。比如现代化保险业务就取代了社群、亲友之间的风险共担的机制，大型现代化教育机构也分担了家庭、社群、族群所承担的文化传承作用。当家庭和社区在个人成长发展的过程作

〔1〕简·梵·迪克（著），蔡静（译），《网络社会——新媒体的社会层面》（第二版），清华大学出版社，2014年，第34页。

用降低后，首先出现的特点就是帕特南所提出的“社区的失落”。[1]简·梵·迪克的理论观察视角过于微观，他并没有注意到“团结的班组”无法取代“失落的社区”损失，当本地化关系离散，“邻里之间老死不相往来”的时候，个体关系构建的平台越发向外发展，去寻找新的关系弥补社区的缺失。

就中国社会而言，我们也面临着同样的问题，但是这一过程发生得十分缓慢且较为复杂。新中国成立以后，工业化进程加速，此时我们并没有立刻发生工业社会的结构性变迁，因为在政治主导下，“单位”、“公社”等具有政治色彩的组织诞生，它们在某种程度上承担了社区的功能。当时国有企业、全民企业实行的是“企业办社会”模式，企业包办了职工日常生活所必须的需求，直到改革开放后，私营企业大量出现，在体制外出现了新型的企业—职工关系，1996年后，国有企业开始大规模改革，甩掉沉重的包袱，此时中国社会才实现了系统化大规模的社会机构转型，“单位”不再是主要的关系构建场所。

> 改革开放至20世纪80年代中期，青年学生往往要借助于一定的社会组织表达他们的交往热情，如集体组织的舞会、集会或者民俗乡风等，私人或小团体的聚会意识还处于萌芽状态。随着改革开放和工业化不断推进，大学生的日常交往平台出现了进一步的扩大化。私人或小团体聚会出现了极大的发展，此时大学生舞会、酒吧等逐渐涌现。借助这种公共交往平台，大学生构建关系的范围出现了变化。以共同兴趣聚集，结识陌生人从而提供了发展为弱关系的可能性。但是同时不可忽视的问题是：以往占据重要非血亲关系重要来源的“邻居”呈现下降趋

[1] Putnam, Robert (2000). *Bowling Alone: the collapse and revival of American community*. New York: Simon and Schuster.

势。1996 年北京零点公司的调查显示：北京 35 岁以下青年中，“熟悉自己所有邻居”的只占18%，对于青年学生来讲，扩大个体关系网络的平台已经不再仅仅局限于地域。[1]

网络社会的人际互动场所发生了较大变化：除了承载前两种关系互动场所外，虚拟社群逐渐兴起，并且呈现出线上线下逐渐融合的趋势。特别是社交媒体普及化和网络平台社交化的发展，游戏、购物，甚至支付等互联网应用都发展出了社交功能，网络社会人际互动场所最大化地得到了发展，提供了人际互动的无限可能。在早期互联网研究着眼中，虚拟空间的诞生，是“失落社区”的再生，并且随着虚拟社区的不断发展和完善，它们具备了与线下社区共同的特质。正如简·梵·迪克所指出的：“社会和媒介网络模糊了生活的所有领域，并且连接着社会的各个层级（个体、团体、组织和社会）。不过，这些领域和层级还将继续存在。网络只是比以前更直接地连接着它们，这使得在特定地点的更多活动和在移动空间的所有活动成为可能。”[2]

三、关系维系方式及权力再生

每一个社会组织均需要具备维系结构的形而上基础，并且随着人类社会发展，这些上层建筑也在发生深刻变化。农业社会主要以文化、传统、情感为主要纽带；工业社会以契约、规则为纽带；网络社会是自身衍生的文化、规则形成纽带，特别是兴趣、爱好是维系关系的重要原因。从目前网络上的虚拟关系来看，以“趣缘”为关系纽带

---

〔1〕刘凯：《个体线上关系构建、结构及其影响》. 北京大学 2012 年博士毕业论文。

〔2〕简·梵·迪克（著），蔡静（译），《网络社会——新媒体的社会层面》（第二版），清华大学出版社，2014 年，第 203 页。

的占到了大多数。

社会关系网络是社会权力结构的体现，同时社会网络也会对社会权力结构产生一定的反作用。历史的发展就是权力去中心化的过程，并且伴随而生的则是人际流动的日益强化。将社会流动和社会权力结构结合起来进一步分析，就会发现权力合法性的基础与社会网络密切相关，从结构上来看，社会权力基础建立在社会网络基础之上。

农耕文明下的社会关系网络是封闭先赋的，权力合法性基础是传统和威权，借用伊尼斯对媒介的描述：它是一种时间取向的网络，力图将社会权力延续下去，具有相对的稳定性。

大众社会的社会关系呈现出较强的行业化和利益化，法制和契约是维系社会权力的基础，同样人际关系也呈现出较多的契约色彩，并且大众社会是一个扩展性的网络结构，它具备扩展自身边界的动力以获取更多的社会资源，将自身社会权力逐渐扩大并且增加外延，因此我们可将大众社会看作是权力扩张性的网络。

网络社会的最大特点是对权威的去魅和权力中心化，促使权力组织结构扁平化，网络社会的天然基因并不能够去维护现有权力，相反它是一个新的社会权力创造基地，新的权力中心在互联网平台不断形成，他们可能与政治、经济无关，但是在某些领域具有社会合法性的权力。这些新的意见领袖或者社群组织者，不仅拥有较强的话语权，甚至能够获取较多的社会资源调用和社会动员能力，这是网络社会权力诞生的呈现的主流形态。维系网络社会权力合法性的基础也发生了变化，公众的认可和社群的规则是权力合法性的重要保证。我们可以得出这样结论：网络社会是权力再生的社会，它是孕育新的社会权力中心的社会网络。

第二节　网络社会的关系结构

学术界对网络社会的关系结构有很多种描述，大致可以分为宏观结构的扁平化、中观结构的社群化、微观结构的个人网络化。这种笼统的描述只考虑了网络社会的新增变量，并没有考虑存量与增量之间的关系，及二者融合后出现的变化。本书尝试在既有理论基础上，对网络社会的结构进行深入描绘。本书所指涉的个体网络结构包含线上线下关系的综合，我们姑且不论线上关系对个体的重要程度，就个体网络特征、中观组织结构特征和宏观社会网络做出结构化描述。

一、从碎片到连接的部落

我们引入一个观察切入点：人际互动的便利程度。这个变量对于探究不同时期的社会结构具有重要的意义。农耕社会的跨地域交往十分困难，但是在本地化的社会网中容易形成高密度的互动，工业社会则呈现出一个极端：本地化密集网络消失了，同时个体跨地域交往也很困难，并非地理环境制约或者通讯工具制约，而是工业化社会结构制约了人们大规模交往的时空要素。网络社会则在人际互动方面，满足了本地化交往和大规模跨区域交往的双重要素。

1. 农耕结构：碎片化的部落

从统治者角度来看，希望减少农民的流动性，安居乐业保持社会稳定。“流民”一直是困扰封建皇权的社会治理难题，历代以来都严格限制农民在地理空间的流动，以明朝为例，农民如果需要离开户籍地到外地去，必须携带“路引”以作为许可凭证。本来交通和通讯工具已经使社会的交往和互动处在本地化的状态，加之政治因素，在农耕时期,民间的交流是很少的。虽然在宋代和明中后期有所松动,商品经济逐渐趋于发达,从整体上看,我们可以将农民居住的村落称之为农耕时代的“部落”,它们之间的交往通过集市、贸易、通婚而产生,人们习惯聚村而居,并希望封闭下的宁静永远保持下去。如果将村落看作社会结构的基本单位,那么农耕时代的社会结构就是碎片化的村落的集合。

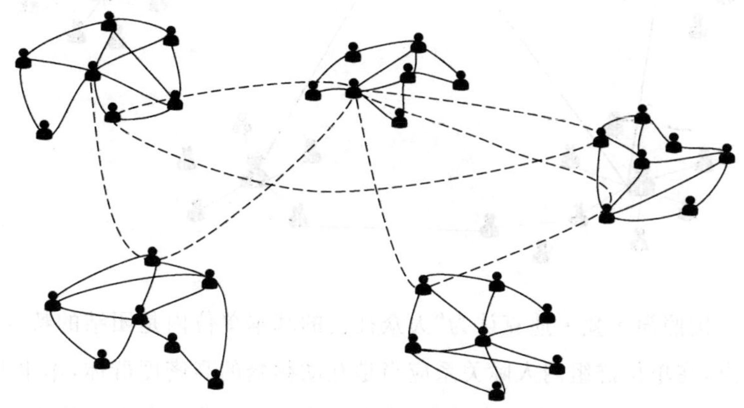

从上图中,我们可以看出:在部落内部人们是出于“全联”状态,人们跨群体的交往很少,虚线指代的是少量的跨群体交往行为,部落是零散的状态,这种结构无疑非常利于集权统治。在封闭的部落中,农民对土地深深眷恋,他们聚村而居,对家族和村落有着深厚的感情,并且碎片化的部落排外,拒绝变化,人们将这种超稳定结构视作人生的必然。我们将这种状态称为“传统的部落状态”。

2. 工业社会的形状辐射结构

工业社会的流动力量首先打破了封闭的传统“部落”,同时出现了人类历史上空前的人口流动。个人以工作组织或家庭为核心,与外界其他群体建立联系,核心群体内成员充当信息或者资源交换的桥梁,这就形成了星状结构的网络，依附于核心成员周围的个体，是零散孤独的，本地社区的失落和远离乡土双重因素，更加剧了人们的疏离感。

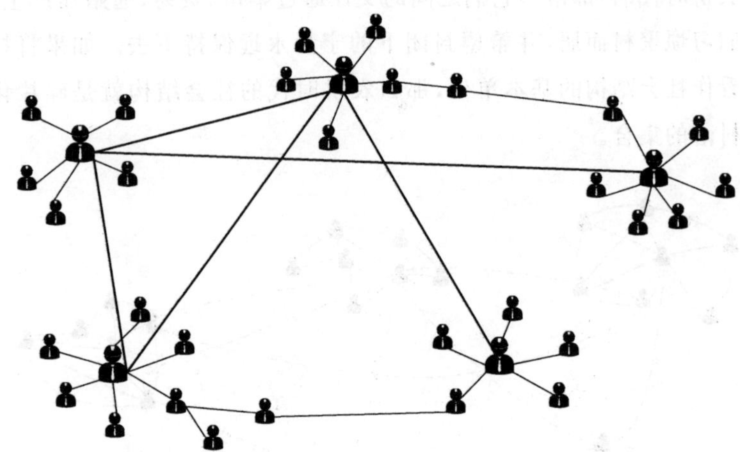

按照简·梵·迪克认为"大众社会的基本单位内是团结的特征"观点，在单位群组内人际关系应当是互动频繁的高密度群体，本书并不认为是这样的。在大众社会，个人获取资源并非完全在群体内"向内索取"("向内索取"是简·梵·迪克的立论点)，以职业为单位的群组并不具备社区功能，不可能形成高密度群体，且职业流动性促使个体不断"向外索取"资源。在这种以达成工作目标为纽带的单位组织内，公众接受信息是单向被动的，极易成为马尔库塞所描述的"单向度"人。我们可以看到，此时部落状态消失了，取而代之的是大规模生产机构和社会管理机构，如麦克卢汉所描绘的"去部落化"。

3. 广泛连接的部落

网络时代人们重新回到了"部落化"状态，但此时的部落化与农耕时代有着本质区别。首先部落内不是封闭状态，它是一个开放、平等交流的虚拟与现实相结合的空间，部落和部落之间有着非常活跃的互动和交流。从个人层面而言,不会完全依附于初级群体,个体在网络时代发展出来了能够满足自身需求的新型社会网络,而且关系类型较为复杂。丹尼斯·麦奎尔(Denis McQuail)用"满足群组"来描述这种状态:它是指基于与媒介相关的兴趣、需求与偏好等多种可能性而形成或者重组的受众。使用"群组"一词,意味着这样的受众是一种典型的由分散的、彼此不相干的个体组成的集合。[1]

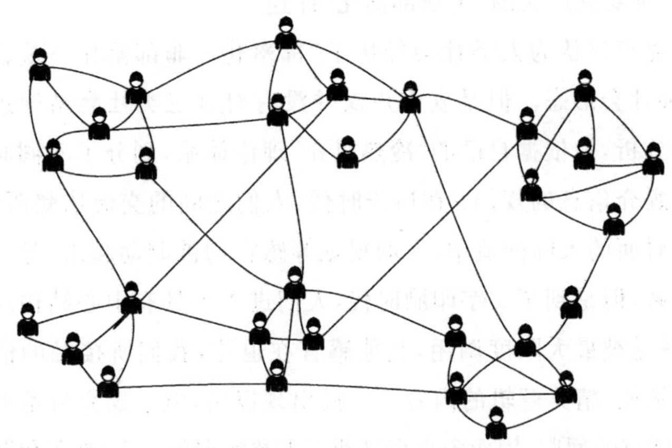

网络社会的行业更加细分,大众社会时期的工厂、单位功能逐渐分离,社会大型组织机构发展的规模越来越大,对人日常生活的影响越来越深刻。在虚拟空间,人群聚类特点较明显,在这种情况下,客观上促使个体必须嵌入多个关系网络获取相应的信息和资源,因此社会网络呈现出多层次的"满足群组"特征。我们可以将当前的社会状态描述成为"以满足群组为基本单位的部落社会"。

---

〔1〕[英]丹尼斯·麦奎尔(著),刘燕南、李颖、杨振荣(译),《受众分析》,中国人民大学出版社,2006年。

二、与麦克卢汉部落化的区别

在本书中，我们用“部落化”来形容当代网络社会的结构，从字面上来看，容易与麦克卢汉所提出的电子媒介促使人类再度部落化混淆，实则二者根本不是一个层面的问题。麦克卢汉视野中的“部落”并不是描述社会的理论术语，而是对媒介变迁下人们接受信息模式的艺术性的比喻。

1. 对麦克卢汉的“重新部落化”评述

麦克卢汉认为人类社会经历了“部落化—非部落化—重新部落化”三种社会形态。但是麦克卢汉并没有对这三类社会结构进行全方位的分析，他依据自己的“冷热媒介”理论体系，划分了不同时代的人接受媒介信息的规律：在口语时代，人们之间的交流依赖听觉，同时在面对面的人际交流中，人的视觉等感官均被调动起来，是一个完备的体系，但是到了文字印刷时代，人们进入了具有中心结构的知识时代，视觉被最大限度调用，其他感官在退化，我们所接触的信息是具有阶级性、精英逻辑的内容。广播出现以后，电子媒介带给人们的是完整感官的回归，因而麦克卢汉断言人类将重新进入“部落化”时代。

麦克卢汉所提出的“部落化”是从其感官认知理论发展而来的，它强调人们沟通交流中所调用的器官，电子媒介与农耕时代的信息传播，所调用的人们感官是一致的，在其媒介理论基础之上，麦克卢汉的理论逻辑并无谬误，因此在麦克卢汉的理论视野中，“部落化”更像一种艺术性比喻，的确在麦氏的理论中，充满了艺术性的想象力，当然也不缺乏主观武断。直到网络社会，我们才亲身经历了“部落化社会”生存的体验，立足于今天的现实，我们再对比农耕社会的部落结构和网络社会普遍连接的部落，才清晰认识到：二者之间存在着太多的考量层面，并不能简单用“感官层次”一概而论。

首先,“部落化”首先应该是结构性的概念,传统部落与现代部落在结构上最大区别在于其是否存在广泛的连接。就个体而言,互联网才真正扩大了受众的感官认知,虚拟空间越来越趋近现实环境,人们可以完全模拟仿真现实互动,电子媒介并不具备这样的功能;再者,麦克卢汉忽视了电子媒介的最大问题所在:单向传播。无论个体信息感官如何成为整体,单向媒介不支持社会互动,且电子媒介的信息内容并不是公众互动所形成,也正如其描述文字印刷一样,它们也属于精英的逻辑,只不过传播的内容和形式发生了变化;人类社会结构的走向,应该与社会生产力发展紧密相关,在经历了原子化的工业社会后,我们才借助新媒体技术得以重新聚集成为部落,它是人类发展的一个自然过程。

由此可见,麦克卢汉的“重新部落化”理论是一种笼统的描述,甚至掺杂了个人主观感受的色彩。但是他的隐喻性发现,却到今天成为了现实。

2. 作为“结构”存在的部落

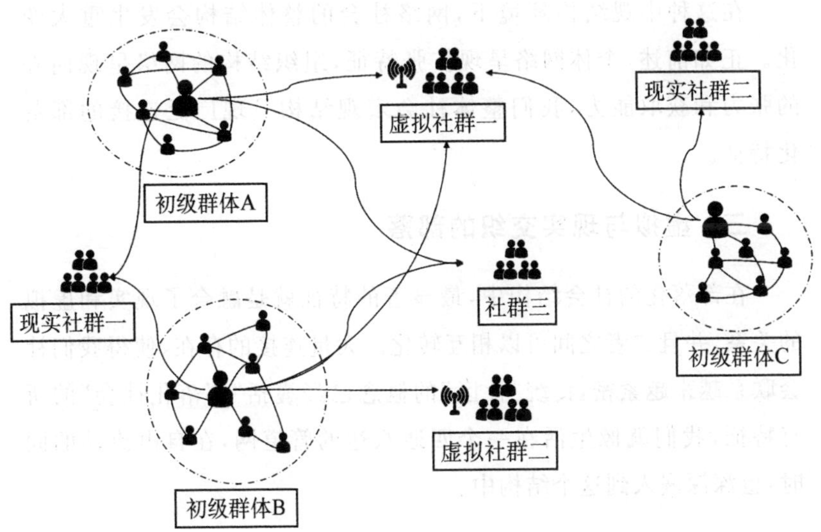

网络社会的“部落化”在微观、中观和宏观层面有着明显的结构性特征，它是真实存在于现实中的关系结构。在微观层面，个体网络的规模呈现出明显的扩张趋势，同时关系网络的密度在降低，异质性在增加。同时不可忽视的是，初级群体仍然是个体最重要的关系组成部分，与农耕社会不同的是，网络社会的初级群体往往是情感上的支持，工具性支持往往在其他网络中获取。

正如上图所示，个体的网络呈现出极大的对外张力，无论是初级群体还是工作单位组织，中观层面的网络结构呈现出放射性轮辐特征。这种结构的意义在于：社会基本组织结构置身于宏大的网络中，其成员身处其中并有机会为核心群体带来新信息和资源。这样就会倒逼组织结构进行改进，网络社会基本组织的竞争力在于其向外界获取信息和资源的能力，这就倒逼社会组织必须扁平化运作。大众社会的金字塔结构是为了控制群体内成员，群体内成员的信息和资源全部来源于组织内，网络社会打破了大众社会的信息和资源的垄断，群体内成员均有可能和机会为本组织和群体带来能量。

在这种中观结构环境下，网络社会的整体结构会发生重大变化。正如前述，个体网络呈现扩张特征，组织结构的网络呈现向外的张力和获取能力，我们整体社会宏观结构呈现广泛连接的部落化特征。

三、虚拟与现实交织的部落

在部落化的社会结构中，最显著的特征就是融合了现实和虚拟的关系，并且二者之间可以相互转化。大量连接的存在，使得我们社会联系越来越紧密，传统“社区”的概念已经囊括“部落化社会”的所有特征，我们就像生活在一个四通八达的管道网，在自由流动的同时，也深深嵌入到这个结构中。

1. 尘埃落定的争论

在互联网早期，很多学者认为互联网的出现对人际交往是有害的，会影响社会现实互动，使整个社会疏离。直到今天，我们依然能够看到“网络会让人孤独”的论断。不可否认，个体脱离了实际社会互动，面对面交流的缺失会增加人的孤独感，沉浸于网络的虚拟世界中，容易使人产生“社交幻象”：交流很多，互动对象很多，但是非常地孤独。

关于这方面的议题，早期互联网研究主要有三个理论视角：首先是很多学者持有“疏离论”，他们认为互联网减少了人际交流中的必要情境(cues environment)，仅仅通过虚拟的文字来表达无法传达复杂的情感，但是面对面的交流能够将音容笑貌完全传递给对方，是一种全方位的交流。虚拟交流减少了个体的实际社交活动，会造成个人疏离家庭和社会。[1] 这个结论在今天完全不适用，新技术的不断发展早已经能够完全营造出类似真实的线下互动情境。持有“疏离论”学者的理论出发点是线下和线上关系是此消彼长的博弈，但有学者较早地观察到：新媒体能够增强个人的现实社会关系，并且将其转移到虚拟空间持续交流，同时也能发展出来新的社会网络，“网络正在缔造一个友谊更加浓厚、人际关系日益密切的国家”在这两个理论视角之外，卡若琳(Caroline Haythornthwaite, 2001)的研究独树一帜，她认为因现实社会关系对新媒体使用有很大的影响，同时媒体平台使用的差异也会影响个体的社会网络，通过新媒体使用，我们

〔1〕Kraut, R., Patterson, M., Lundmark, V., Kiesler, S., Mukhopadhyay, T., and Scherlis, W. 1998. Internet Paradox: A Social Technology that Reduces Social Involvement and Psychological Well-Being? *American Psychologist* 53(9): pp. 1017 - 1031.

可以随时激活“潜在的关系”。[1] 在卡若琳看来，社会网络和媒体使用之间是相互影响的过程，并不存在媒体使用决定社会网络的逻辑。

时至今日，线上与线下的融合已经成为现实：首先由于社会流动性增强，初级群体和农耕时代、工业时代有很大不同，新媒体能够帮助人们远距离维护初级群体关系；再者，随着互动频繁，线上构建的关系可以演化成为现实互动，进而推动二者不断融合；第三，大量本地化社交平台出现，基于地理位置交友的软件大量涌现，让虚拟和现实的融合逐渐变得简单可行。总之，到今天来看，我们生活在一个“虚实相结合”的混杂部落内。

2. 易转化的网络结构

传统部落有相对稳定的结构，个体关系网络的组成不会轻易改变，而当代的部落化社会容易发生变动，个人的关系网络的构成很不稳定，极易发生结构性变化。如下图所示：线上半熟关系可以向线上熟人转化，线上和线下熟人是双向互动的关系，且网络上的陌生人也有可能向半熟关系，甚至熟人关系发展，个体网络的成员构成是“动态变化”的。“潜在关系”可以被视为巨大的社会资本宝库，然而这并不意味着个体可以无限扩张自己的关系网络，虽然威尔曼认为社会网络具有传递性（transitive）：当 A 和 B、A 和 C 之间有联系时候，B 和 C 也有可能存在着联系。但是他同时认为，个人能够保持的关系数量和强度是有限制的，如果不放弃现存的部分或全部关系，那么多数人不可能增加新的关系。[2] 同样，邓巴数字也做出了相似的判断：一个人能够维系社交网络成员数量在 150 人左右。

---

〔1〕Haythornthwaite, C. 2001. “Strong, Weak, and Latent Ties and the Impact of New Media”. *The Information Society* 18: pp. 385 - 401.

〔2〕Wellman, Barry Network Analysis: Some Basic Principals In R. Collins (ed), *Sociological Theory*, 1983. San Francisco: Jossey-Bass: pp. 159 - 179.

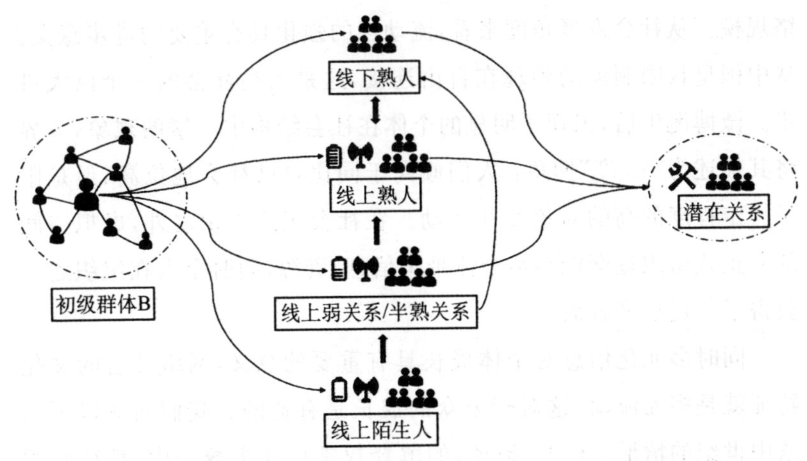

当个体选择增多时，初级群体就不再是唯一的必要，而在农耕的部落社会中，初级群体可以说是个人社会网络的主要组成部分。初级群体的重要性在下降，后天自致性关系的比重和作用逐渐加大。

四、部落化社会的内涵

在上一节中，我们从结构化视角分析了网络社会不同层次的结构特征，单纯的结构分析并不能完全囊括社会全貌，在研究结构的同时，我们必须重视结构内的文化、情感等因素。社会发展的路径是公众不断被赋权的过程，同时也是精英逐步失落，公众逐步勃兴的过程。在上述关系网络结构中，网络社会的所衍生出来的文化内涵及其影响深刻地影响着当前社会。无论是组织管理模式，还是社会文化的发展都有明显的体现。

1. 基本组织重要性下降，个体极大解放

在网络社会，个体增加了自由度，社会成员信息来源和个人发展机会增加。人们所在的正式组织重要性相比较大众社会急剧下降。网络社会催化了个体的流动性，流动性的增强又加强了个体社会网络规模。从社会发展角度来看，流动性的强化具有重要的进步意义。从中国皇权限制流动到现在自由连接，这是人类社会的一个巨大进步。微博诞生后，出现了明显的个体在社会结构中上攀的现象，业界将其描述为"45 度"仰角：人们倾向于同比自己社会地位高、但是限于一定程度的高的对象交往互动。在社会正式组织之外，虚拟空间的非正式组织逐渐能够给个体带来信息、资源，同时个人在组织之外获得了一定程度解放。

同时多元化信息对个体成长具有重要的意义，网络社会的文化特征就是多元流动，这对于公众的成长是有益的。我们回顾以下西欧中世纪的情形：对于《圣经》的解释权掌握在主教手中，教徒必须通过主教才能够获得与上帝的沟通。古登堡印刷机出现以后，《圣经》得以大规模印刷，普通信徒可以通过《圣经》"直接与上帝沟通"，直接推动了后来的宗教改革。网络社会在最大层面打破了信息的垄断，这对于公众养成现代人的素养有很大的帮助。

2. 部落文化及政治力量初现

信息的多元化必将导致大一统价值观念的解体，社群的勃兴过程同时伴随着独具特色的社群文化诞生。社群文化是社会思潮在虚拟空间体现，互联网整合凝聚了现实中社会潜在隐含的亚文化群体，为群体文化的凝聚和发展提供了平台。在网络时代，部落化生存成为常态，相应的部落文化规则也成为人际交往的新规则新模式。在过去的十年间，网络已经显示了其强大的文化创造能量，同时又对已有的文化产生反作用影响：它在悄无声息的影响整体文化的走向。

部落具备文化创造能力，也意味着部落在政治思想、意识形态方面也会具有相应的自主意识。在文化和政治观念的双重作用下，中国政治生态也在发生变化。作为部落的虚拟社群不但能够凝聚拥有同样政治诉求的人群，且其社会动员能力也逐渐在成熟发展中，其必然会对中国政治文明产生深远的影响。

3. 公共领域的训练

长期以来，中国缺少公共领域和空间，民间自组织发展不足，政府所承担的社会角色过多，社会组织活力不足。互联网出现后，社会内在的需求催生了线上社群大规模爆发，它们发挥着重要的作用：连接社会各群体，整合离散社会。如上文所述，我们正在进入一个部落化的社会，部落化的社会需要能够连接各个部落的机制，民间组织、自组织无疑是最适合的选择。与多元文化不同的是，我们社会整体并没有因为互联网变得支离破碎，相反，它体现出了强大的团结力度。部落和部落之间存在着信息桥梁，人们之间的联系呈现持续增长的状态。这在农业社会不可想象个体的社会关系规模能够持续增长，因为彼时先赋性关系占据了主导地位，大众社会的个体社会网络也不可能一直处于持续增长。

在农业社会，公共空间是现实物理空间，宗祠、大槐树、寺庙等均是公众聚集交流的场所，在熟人化公共空间内，遵循的是传统文化的规则和不成文的约束。在虚拟空间内，中国人可以说开始大规模的展开陌生人交往，从最早的聊天室、QQ 语音互相谩骂开始，到成熟参与社群讨论、组织线下活动，可以说社交网络为中国公共领域建设、促进现代化公民成长具有不可磨灭的作用。

第三节　网络社群类型及结构

在部落化时代，社群则是社会的基本单位。自 1993 年 Rheingold Howard 首次提出“虚拟社群”的概念以来，二十多年间各类社群平台蓬勃发展，网民参与人数逐年增多，已经成为重要的信息源头。“虚拟社群”是人们围绕兴趣、利益等要素通过互联网技术聚合在一起的网络家园，本质是在特定网络空间内的社区重建。通过虚拟社群，传统媒体报道的传播范围得到了延伸，同时也意味着信息扩散范围不确定性增加，受众结构趋于多元复杂化。

网络社群关系则消弭了线下社群的地域限制，给予成员更多的交流机会，使得原子化状态的人群重新聚类，形成新的虚拟部落化群聚状态。同时，网络社群在结构层面，又完全不同于传统社群的内涵。对于"网络社群"的研究，学术界目前主要有两种研究取向：

第一种研究思路从"文化象征"角度，研究虚拟社群的共享价值观念、情感亲密度、自我表露、群体赋权等问题。如最早提出"虚拟社群"概念的 Rheingold Howard 关注虚拟社群赖以形成的归属感和互惠行为，重点分析了社群成员通过昵称、快速回应、不断共享内容而产生存在的纽带。[1] Fernback 认为社群的建立和维系必须满足如下条件：亲密感，团结，共同价值观，每个成员必须有所付出。Christian Fuchs 则将虚拟社群分为三个层次，最高层次为建立在虚拟传播基础上的群体认同基础之上。这种研究视角延续了滕尼斯等学者提出的"社群共同体"理论基础，尝试从文化视角对网络社群的存在基础与运作机制进行探析。国内学者较多从群体共享价值及群体赋权角度论述虚拟社群的存在及维系价值。

第二种研究路径是结构化的视角。受齐美尔形式社会学的影响，西方社会学者在 20 世纪 50 年代就从文化系统转向了结构化的社会网络的研究，并且开始系统发展社会网络的概念和研究领域话语的自主性。勒温小组参与的"西门研究"，分析了 1946 年居住在麻省理工西门公寓所有已婚学生中的传播网络结构，巴弗拉斯等人则通过"传播结构"实验发现了"星星结构"、"链条结构"、"轮子结构"三

---

〔1〕Rheingold Howard 在"The virtual community"一书中不断提及虚拟社群的文化特质对于其存在的重要性。

种结构中不同的传播、信息扩散模式。这些研究为后来通过图论描述人际关系提供了典范。

难以想象的是，关于网络社群结构的研究，最早可以追溯到1978年林顿·弗里曼和巴瑞·威尔曼等人开展的一项“信息交换系统”(EIES)实验，这项研究揭示了虚拟社群结构变动的趋势。“信息交换系统”(EIES)是一个实验性的线上交流社区，除了没有即时通讯的功能外，基本具备了虚拟社群的功能架构。威尔曼邀请了40名社会网络研究者入驻，观察几个月后他们的使用情况，及其关系网络是否出现了变动。近五年以来，社会网络分析方法在中国广泛兴起，并且影响到了多个学科，国内也有部分学者开始尝试从结构化视角去分析虚拟社群的特质。

网络社群发展的初期，由于技术功能的限制，存在着明显的封闭边界，随着社交平台技术发展，网民可以自由嵌入不同社群，带来的社群结构特征出现明显变化。从目前来看，网络社群结构有着如下四个基本趋势：1.低度群体中心趋势，即Fernback所指代的“权威消失”。2.个体多元嵌入，信息桥梁作用增强，即虚拟社群关系向着专业和多元统一的方向发展(Wellman Barry, 2001)。3.从圈层结构转向“个人化网络”。彭兰认为，网络社群结构逐渐从封闭圈式结构转向开放式网络结构，圈式结构赋予社群更多的信息传播机会及成员的社会资本。〔1〕4.网络结构同质化降低，这是由个体自由嵌入多元的网络社群趋势导致的。

一、不同类别网络社群的整体结构特征

从网络社群的基本功能及成员行为特征角度来看，主要可以分

〔1〕此结论是彭兰在2009年中国新媒体传播年会上发表的“从封闭的虚拟社区到开放的社会网络”中提出的。

为以下几类：以建立、维系关系为导向的社群，成员行为动机主要是建立、维系关系，如 Facebook、人人网等大型社交网站；以 UGC、知识分享为特征的社群，如豆瓣、科学松鼠会等；以社会动员为基本特质的社群，如群体性事件动员的 QQ 群、微信群等；以游戏娱乐为基本特质的社群，如音乐群、图片分享群、网游社群等。四种不同的社群类型，由于其功能定位、技术模式、准入机制存在着巨大的差异，因此整体结构呈现出多样性特点。

1. 松散开放网络结构的"关系导向型"社群

关系导向型社群依赖大规模的社交平台，成员的行动目的就是维系关系和建立新的关系。同时，网民在生活中的多层次性决定了个体会嵌入多个社群，在整体上形成"边界模糊的个人化网络"的结构。每位个体都成为连接两个子社群的桥节点，松散、开放式的网络结构内部存在着大量弱关系。整体社群结构呈现出高度的部落化及低密度，不同子社群之间的信息传递依赖大量桥节点的存在，广泛的弱关系链接有助于信息传递的广度，呈现出个人嵌入、自由对接的交往模式。如果将社交平台细分为陌生人和熟人、混合型三种类型，会发现三者之间有细微差异：卡若琳在考察了不同的社交平台后认为：聊天室等陌生人为主的社交群体可持续性较短，结构松散，一旦建立关系便会转向私密化的交流方式；熟人社交平台的结构相对封闭，混合型的新型社交网站在维系社群的持久度方面具有天然优势，其结构会随着卷入人群的增多而更加稳固，规模也会愈加庞大。

2. 明星节点结构的"UGC 分享型社群"

UGC 模式成为虚拟空间内容生产的主流模式，在共同身份或兴趣驱动下，网民会聚集成小范围内的"UGC 分享型社群"。并非所有社群成员都会均匀地生产内容，少数高度活跃的"核心层"则生产、分享了绝大部分内容，符合"幂律分布特征"——比例较小的一部分人生产了绝大部分内容，并由此衍生明星节点的巨大作用。从对社群的贡献度和活跃度来看，社群内部主要可以分为：核心层—助力层—围观层三个结构板块。“核心层”是主要议题的发起者；“助力层”在激发评论，活跃氛围和互动方面起到了极大作用，他们往往是核心节点的高度关注者；“围观层”占据了绝大部分成员数量，也可以称之为“长尾化的边缘层”。从关系节点上来看，派系分层较为明显，明星节点周围聚集较多关系散点。社群整体密度较低，明星节点的个人中心趋势较为明显。虽然虚拟空间准入性较高，个人化内容生产活跃，但是由于注意力的稀缺及信息生产能力差异，能够在社群中起到支配作用的是核心成员。

3. 高度中心势的“社会动员型社群”

社会动员型的社群在公益活动、NGO组织、维权行动等方面具有十分突出的表现，一方面虚拟社群能够召集利益相关群体的线上或线下行动，另外一方面能够在短时间内形成共同身份和价值的认同。社会动员本身高度依赖核心组织、号召者，在虚拟空间同样需要有发起人、权威发言人等核心人物的存在，社群结构具有较为明显的权威中心存在，整体中心势较高，被少数几个核心领袖人物所引导。群体成员之间联系较少，并且具有较高的同质性，整体结构呈现低密度、高度中心势、高度同质化的特征。

4. 多派系结构特征的“游戏娱乐社群”

“游戏娱乐社群”为成员提供了自我表露的平台，基于娱乐和兴趣的群组最明显的特征就是“去中心化和扁平化”，这种结构有助于个体自由表达。整体社群派系聚类特点明显，派系内部联系紧密，行为协同度较高，社群整体中心趋势较低，信息可达性较高，几乎不存在桥节点和结构洞的问题。国内外学者考察研究了诸如音乐分享群、图片分享社区的特点，发现个体自我表露是第一位的动机，自我表露行为期待着得到群体成员的认可和赞同，这种“点赞”行为随着社群的成熟，会发生在派系内部成员之间。因此从整体看，多派系和低度中心势是此类虚拟社群的重要特征。

二、社群中成员之间关系的变化

不同网络社群的结构呈现迥然差异，个体嵌入社群之后，面临与其他成员关系交往的问题。个体有可能与其他成员之间存在既有关系，也面临着从陌生关系到弱关系再到强关系的自然转变。具体到社群成员之间的关系，主要有三个要素为不同社群的共性特征。第一是强弱关系的转化问题，线上陌生关系是否能发展成为弱关系甚至强关系？第二个关注焦点是线上关系是否能够转化为线下实体关系？最后是群体内成员关系的同质性和异质性问题。

1. 强关系和弱关系的辩证视角

早期对虚拟社群研究，较多关注强关系的支持力量及弱关系如何向强关系转化的问题。但是研究者很快发现了虚拟社区中弱关系的力量：由于减少了社会线索(reduced cues)，个人与陌生人之间的交往更加顺畅而不用担风险，并且跨越了等级、地理、组织边界方面的束缚，个人能够获取更大范围内的交往，建立更广的弱关系。这种弱关系有非常积极的意义，在个人获取更广泛的信息、获取虚拟社区社会资本方面有着极为重要的作用。这些弱关系网络同时也导致了信息传播的巨大变化。根据威尔曼的研究发现：强关系在新媒体出现之前已经呈现出超越邻里，新媒体的使用，能够在扩展个人网络的同时加强现存的关系网络。互联网不仅助于弱关系的形成和维系，同时也能巩固加强强关系和亲密关系(Wellman, B, and Gulia, M, 1999: 331 - 367)。随着成员个体自我表露增加，与其他成员不断互动，弱关系有可能向强关系转化的可能。我们不可忽视的是：在虚拟群组中，刻意区分强弱关系没有实际意义，弱关系的力量在虚拟空间发挥着强关系无可取代的作用。

2. 线上线下关系的互动

对虚拟社群的早期研究中，有部分学者认为：多数虚拟关系会很快地转化为实体关系（Parks and Floyd，1996），应该把网络世界视为补充实体世界的第三空间（third spaces），二者之间根本不存在很强的互动关系，这种观点实际上是否定了虚拟社群中成员关系的现实互动意义，将线上关系向线下转化看做是面对面交流的一种补充或者附属。互联网对于人们交往的帮助在于提供了一个补充的平台，线上的交流与线下的交流互为补充，二者相辅相成。综合以上观点我们可以发现：线上线下关系首先并非此多彼少的二元对立，同时根据前文所述，关系强弱会发生变化，线上新发展关系也有可能在线下成为强关系，二者存在着十分丰富的互动范畴，这与个体特性紧密相关，网络社群中成员关系的实体化，实则有助于社群的稳固和凝聚，特别是在“社会动员”类型的社群中，线上线下互动具有丰富研究价值。

3. 成员关系构建的趋同性及异质性

社会互动理论认为：二人在地位、态度、行为等方面越类似，越容易结成亲密的强关系。人们在构建自身亲密关系网时，呈现强烈的同质化现象。中国本土的学者也在研究中发现：在中国城市居民社会网络成员的选择过程中，发挥中心作用的机制主要是同质性原理，跨越同质性群体交往的现象虽然时有发生，但不是主流趋势。除了同质化原理发现外，劳曼同时发现：关系构建存在“声望性假设”：任何职业、阶层地位的人在构建关系时，倾向于与较高职业地位或阶级身份的人建立密切的社会关系（Laumann，1966：53），中国本土学者张文宏等人也发现：在中国特定阶层的关系构建当中，也存在着某种程度上的“上攀”效应。中外研究发现的共同点表明：人们在选择讨论网成员时所具有明显的自我选择倾向和意识，表现出了共同的“同质化”原则和某种程度上的“上攀效应”，这两个发现在不同文化及制度背景下有普遍意义。在“关系导向型社群”中，存在着大量的同质化群体。这是由于社交平台的技术设置、准入规则所决定的。对于大型的社交类型社群来讲，挖掘“潜在的关系”具有十分重要的意义。很多社交平台设计了发现周边的人、朋友的朋友等推荐机制。通过技术机制可以扩展个体网络规模，并且增加个体网络异质性；对于任务导向性及社会动员型的社群而言，其成员更多关注的是个体与群体之间关系的认同度，群体之间高度同质化；从个体交往、关注的网络结构来看，内容分享型的社群容易形成关系“上攀”的特点。

三、派系结构类型及其对社群行动的影响

“派系”概念在不同研究情景中存在着不同的含义，在社会网络分析中，“派系”概念经历了从严格定义到宽松指代的过程。网络社群中存在着大量的“子群体”状态，派系本身并不具备正负面的性质。网络社群中的派系总体上来讲主要具备两方面行动含义：第一类是建立在互惠基础上的凝聚子群概念。这种建立在信念一致、行为趋同基础之上的小群体，能够为群体行动带来核心力量。同时霍桑实验中所提出的”非正式群体”则相对于整个社群而言，其起到的作用往往呈现负面特征。根据社会网络理论，派系可以区分为“有向度、无向度和多元复合型”三种派系类型，虚拟社群中的三种派系类型在结构与行动层面差异较大。

无向网络社群是指在虚拟社群交往中，不存在成对关系交往，主要以“任务导向型”和“UGC分享型”社群为主。如前文所述，此类社群依赖明星节点、核心人物的引导及支持才得以运行，其派系的生成

是基于“明星节点或核心人物”的人格魅力、号召力、影响力等因素。“无向网络社群”的派系相对来讲比较松散且不易区分边界，流动性较强，派系内部互动呈现不对称的特征。

有向度的网络社群多以“关系导向”型为主，用户所关注的是建立和维系关系，并且追求双向关系的确定性。有向度的关系网络以个体为中心，扩散成为边界明显的小圈层结构，在价值观念与行动上高度一致，派系内部相对扁平化，内部成员关系密度较高、互动频次多，并且呈现高度的趋同性和聚类结构特征。

复合多元化的网络社群以游戏、娱乐为主要特征，这是由社群本身功能多元化特征所决定的。一方面此类社群能够提供情感等方面的支持，另外一方面具备社交功能，派系特征是多元且复杂的，边界不明晰，个体可能嵌入多个小圈子，个体对于派系的意识和认同度较低。在此类社群中，派系的生成是一个自然的衍生过程，在这个过程中个体逐渐聚类，然后随着互动增强派系结构逐渐明晰。

通过以上分析，派系是网络社群结构的重要特征之一，派系对社群的运行和发展延续具有重要的作用，如同现实社群一样，派系的存在并不意味着信息、舆论被小群体垄断，相反在特定事件中派系本身的凝聚力是网络社群存在的基础。

四、移动互联平台的网群结构

移动互联网并没有从根本上改变传统虚社群结构，移动互联网完全利用起了用户碎片化时间，能够让用户随时随地嵌入网络，进一步从空间和时间上解放了虚拟交往的束缚，加速了“个人对个人的连接(person to person)，并持续产生高强度互动”(Christian Fuchs，2007：324)。同时移动互联技术催生了一批基于地理位置、兴趣等主题的社交平台，使得个体加入社群的选择性更加丰富。特别是以陌生人为主要对象的社群广泛涌现。基于移动互联网社群的“持续互动”和“陌生人交往增多”两个因素，其社群特征呈现出“多元嵌入，熟人社群扁平化，陌生人社群中心化”的结构特征，社群之间的连接更加丰富且日趋开放。

首先，全方位、无间隙的互动意味着人们通过新技术平台能够稳固并加强既有虚拟社群的关系结构。原有虚拟社区有可能在移动互联平台上翻版，移动互联用户意味着将更多时间用在了虚拟空间上，那么原有社区的成员交往会加速并且频繁，高速的持续互动能够使得原有社群结构趋于紧密化。博依德通过对社交网络的实证研究发现：用户利用移动互联平台加入朋友的更多原因是交往对象是既有实体关系，这就加速了个体与朋友的实际互动频次及几率（Boyd, Danah.，2006：12），更加能够稳固原有社群，加强了社群的活跃度。

再者，搜寻陌生人、与陌生人建立关系更加便利。在完全陌生，甚至会产生线下互动的社群来讲，其结构模式有着较大的变化程度。完全陌生的关系聚集需要一个召集人或者核心小组，其他群体会迅速形成“一对一”的结对关系，社群结构松散但是具有高度化的核心，所运行依赖的是规则、价值及认同感。在完全陌生的移动社群中，“一对一”的连接模式成为社群初期的主要形态，这与早期的聊天室等形成的交往社群结构较为相似。

第三，应当看到，用户有可能嵌入多个虚拟社群，进一步消弭社群的边界，步入到“个人化的社会网络”中，进一步打破了传统封闭的圈子结构，网民会横跨多个不同类型的社群从而充当信息桥梁，进一步加速信息的传递速度，促使网络扁平化。

最后，在网络社群中的虚拟交往逐渐成为人们生活常态，同时也在深刻改变着现实社会结构、传统社区概念。以单一个人为连接点的社群连接，有利于整体虚拟社会增强凝聚及信息传播，网民个体多元嵌入网络社群,有助于在最大限度的层面调用社会资源,形成科尔曼等提出的“紧密团结网络结构”,在整体上增加社会资本的存量。

第四节 “小世界”网络的想象力

六度分割理论和小世界模型理论的提出,增加了理论界对全球人类社会联系的想象力。1967 年,耶鲁大学社会心理学家米尔格兰姆(Stanley Milgram)就设计了一个连锁信件实验:尝试证明人际交往中,需要多少步骤来完成随机的联系要求,实际上米尔格兰姆就随机选取了 160 个实验者,但只有 50 名参与者,仅有 3 封信被送达了指定人手上。从严谨的理论角度来看,“六度分割”理论更像是一种学术寓言,不具有数据验证和实际操作的科学性。但是它揭示了人类全体关系的走向:我们越来越紧密,世界上人与人联系的路径越来越短,关系构建充满了无限的可能性与不确定性。同时,在实验中,成功者依赖的是朋友之间的相互信任,如此重复下去,构成了一个“朋友信任链条”,进而发挥出巨大的关系网络效应。

“六度分割理论”后来并没有系统的研究成果,但其启发意义影响了社交网站,平台力图通过技术、活动设置、内容聚合等手段去不断激活使用者的潜在连锁的社交关系。时至今日,随着人们社交网站使用强度的不断增强,整体社会的关系连线越来越紧密,我们今天可以通过社交网站很轻易的完成“连锁信件”的实验,人们到达随机制定目标的路径越来越短,这些特征的聚合,使得部落化的社会向“小世界模型”不断迈进。

一、小世界模型的特征及含义

对“小世界模型”的研究最早发端于人们日常的观察:在自然

界、社会领域、科技领域，通常会出现一种网络现象：高度聚群，节点度分布不均衡。1998年，邓肯·瓦特和斯托加茨在《自然》杂志上发表了著名的论文“Collective dynamics of‘small-world’ networks”，第一次用数学概念描述界定了小世界网络的特征，截至目前，其引用量已经将近3万次。Watt认为，在随机网络和规则网络中间，一定存在着中间状态，规则网络在我们日常生活中是不常见的，随机网络同样也不符合人际交往的现实。他在规则网络中随机连线，结果发现：任何一点到达另一点的路径距离大大减少。[1]

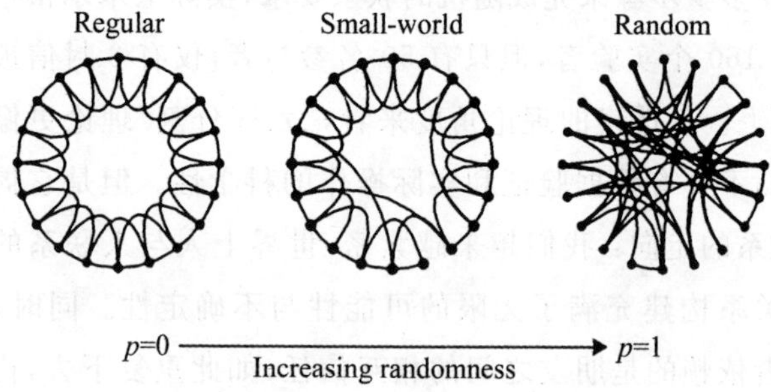

在现实中，有很多网络具有小世界模型特征。如电力网络、食物链、交通网络等等。如果把Watt随机连线的研究过程放大的话，我们可以看到在规则网络中，增加任意两点联系的价值所在。如果说，在前互联网时代，人际交往的状态正如上图所示的“规则网络”，它是人们根据地理位置、规则、任务目的等构建起来的社会网络，每个人与相邻的四个人产生紧密互动。纯粹随机网络在现实中是不存在的，它是通过计算机仿真进行的随机连线，毫无任何社会组织的目的和功能。在这两个“极端化”的网络之间，中间状态比较符合实际。

---

〔1〕DJ Watts，SH Strogatz，Collective dynamics of ‘small-world’ networks.《*Nature*》，1998，393(6684)：pp. 440－442.

社交网络恰恰起到了“随机连线”的作用，在虚拟空间，人们自由结网的行为在无形中降低了整体社会之间的距离，人与人之间连接的路径大为减少，但与此同时，在社交网络中，我们可以经常看到具有高度中心度的超巨型节点。这对于社会整体而言，具有重大的意义：人与人之间的连线变得密集，信息流动的速度急速加快，当然风险的传递速度也同时增大。与农耕社会结构相比，它就像一个“超级部落”，通过不同连线将大大小小的社群聚合起来，形成了一个整体性的社会化部落结构；与工业社会的辐射结构相比较，在“小世界”网络中，作为散点的公众有机会构建自己的网络，并且有能力突破核心节点的束缚，对个体而言是巨大的解放。

我们在前文所述的内容，其实是对社会结构的一个静态描述，Watt 将“小世界网络”看做是一个动态网络。人们在社交网站上的结网行为，是处在随时变动的状态，个体网络结构位置会影响其他网络的形成及形态，如果我们将这个概念引入“部落化”结构的描述中，那么我们就可以更清楚的看到：网络社会的部落拥有较为活跃的变动性，它是一个动态网络，但是传统的部落化结构则相对是静止的，除非发生大规模的自然灾害、战争等因素，它才会发生变化。在当前，社群之间的聚集和离散十分活跃，个体加入或者退出行为十分频繁，其根本原因在于联络的便利度大大增加。与此同时，Watt 用“聚群度”(degree of clustering)作为测量指标来考察不同的网络：在规则网络中，群聚度很低，全网中的平均路径很长，在这个指标考察下，正好与现实结构相反：在传统部落，人群聚集度很高，全网路径较远，但是在网络社会，群聚度相对较低，因为个体会嵌入多个社群，在局部的聚集度是上升的，但在全网规模，整体社会出现去中心化的趋势。

二、部落化社会特征：无标度网络

在现实中，我们经常看到这样的现象：阿里巴巴和京东的整体销售额甚至能够超过其他所有电商销售的总额；在某一个行业内，排名前三的店铺销量能够占掉全网内行业销量的一半；排名前三的网站可能会吸引走百分之九十以上的流量；百分之一的网民生产了百分之八十的内容等等。在互联网时代，此类现象层出不穷，人们的行为出现了幂律分布的状态。同样，在社交网络层面，少数的节点往往会拥有大量的连接，大部分的节点连线却十分少，我们将节点度分布符合幂律特征的网络成为无标度网络。

从社会学意义来看，无标度网络具有很强的权力再生功能，它能够强化现实社会权力，同时也能够再生新的权力中心。从传播学理论角度来看：无标度网络恰好的描述了我们当前诸多传播现象的特征，如流行、谣言的扩散、舆论的生成机制等，中心节点在传播网络中拥有巨大的能量，且其所产生的信息扩散影响力远远超出了散点个体的总和。我们并不是进入了信息扁平的社会，相反，在复杂的网络中，中心节点和虚拟空间的领袖人物获得了空前的引导地位，这是当代“部落化社会”的另外一个显著特征。

在本章，我们提出了一个系统化的概念：广泛连接部落化网络结构，当然这也是本书的立论点。这个概念有两层核心含义：首先社会在螺旋式上升发展，我们又回到了具有社区特点的“部落化”状态，在部落内有较强的认同感和情感纽带；再者，当代的部落之间存在着广泛的联系，人们不是被封闭在小圈子里面，而是处在一张四通八达的网络中，个体在网络中不断调整自己的定位。

部落的基本单位是社群，社群可以是现实的也可以是虚拟的，在本章我们重点分析讨论了虚拟社群部分。由于现实的需要，个人必然嵌入多个社群中，这就给个人交往带来了较大的自由度。在当代的部落社会中，虚拟空间会衍生自己的文化、规则，甚至部落意识。那么，人们如何在部落化时代生存？作为个体的人，如何在四通八达的网络中自处？在接下来的一章中，我们将讨论个体的部落化生存问题。

第三章　个体的部落化生存

实际上，个体的关系网络的特质早就先于整体发生了巨大的变化，主要体现在个体网络的规模加大，同时异质性明显加强。这与生活在传统圈层结构中的人有很大的不同。互联网至少在三个方面对个体有了本质突破：首先是启蒙和普及现代化知识，互联网成为了当代中国“现代化启蒙”的重要工具，至少在最近十年以来，中国民众的知识普及的提高有互联网的一大功劳；第二是自我表达，公民意见的表露；第三是个人社会网络结构发生巨变，个体社会资本的极大提升。本章将分析：在新媒体环境下，个人会发生怎么样的变化？本书认为：网络社会的个体渐趋开放，无论是在信息的汲取还是自我学习，都呈现出与其他社会不同的生存状态。这些变化意味着在网络社会，社会成员的社会资本在整体提升，同时网络社会也会带给个体困惑。

第一节　启蒙平台：个人的现代化

鸦片战争以后，欧风美雨渐入中国，国人也第一次实质性实际接触到了不同的文明体系。不过在当时的文明接触，多局限于物质层面与技术层面，对于政治、文化、思想的引入则大大滞后，这与清末长期坚持的“中学为体，西学为用”主导思想有关系。洋务运动后，中国走上了大规模的现代化运动中，自此至今中国一直在努力完成这一进程。现代化是一个综合性的工程，仅仅物质层面的现代化并不能适应现代文明发展的需要。人的现代化，一直是摆在中国发展道路上的一道门槛。我们需要在更大范围内实行“启蒙运动”，充分建立公众的法制精神、契约精神、公共道德，在过去的十年间，互联网在无形中充当了这样的重要角色。

一、冲破闭塞：个体视野的放大

1980 年 6 月 20 日，《人民日报》发表文章为贩运树苗行为正名，界定其不是“投机倒把”罪：“长途贩运是靠自己的劳动谋取收入的活动，不能说是投机倒把。”在当时环境下，投机倒把是重罪，很多司机将这篇报道剪下来贴到车前挡风玻璃上，以此规避路上检查。这是发生在中国经济改革进程中一件很小的事情，但是其透露出来的问题是全社会性的。我们先回顾一下发生在 20 世纪学术界的一个著名论战：李普曼是传播学领域著名的专家，他提出了拟态环境的概念，并认为在信息社会中，公众很难接触到真正的现实，面对充满了阴谋、设计、利益纠结的信息，很难保持理智做出正确的选择，只有精英才能够客观认识并掌控现实，因此政治应当由精英来全盘掌握。论战的另一方是著名哲学家、实用主义代表人物杜威，他基本认同李普曼对现实的判断和分析，但杜威认为启蒙公众才是解决问题的根本办法。时至今日，我们也无法去下一个明确结论断定孰是孰非，因为二者所站学术立场和环境均不同，所谓绝对正确是不存在的。这个论战从表面上看是精英政治和平民政治孰优孰劣之争，从本质上来看，其实为传播学和社会学的话题：在信息社会，人们究竟是更开放更客观，还是趋向于闭塞？特别是在互联网导致的信息大爆炸环境下，人们会变得趋于更加明智还是加剧了个人偏见和群体信息的不平等？要回答这个问题，必须将互联网发展的历史背景和中国现实情况相结合，将网民群体的崛起与中国历史发展相结合。

美国传播学者丹尼斯·戴维斯认为，网络是社会革命的促进者，是政治上的伟大转型，是草根民主的强力科技。网络带来的信息化变革已经无愧为新时代的启蒙运动，正是因为网络带来的便利，人们在交际的过程中交往范围不断扩大，地域已然不再是限制人交往的原因。通过网络，我们可以更为便利地连接世界、发现世界，可以足不出户地通过图片和视频看到世界各地正在发生的事情。

在信息时代，阿里巴巴可以算作是一个非常成功的例子，中国的商品通过阿里巴巴的平台走向世界，带动了跨境商业贸易的发展。与清朝的"闭关锁国"政策正相反，信息技术的启蒙，让大家愿意更多地接触世界。

长期以来，中国存在着信息上的一个二元结构：一是文化精英和政治精英建立的知识圈；二是公众所掌握的被阐释过的信息，这种二元结构符合农业社会权力的统治，但却阻碍了现代社会的进步。在"生于斯长于斯"的农耕时代，个体的信息量极为贫乏，个体的视野也仅局限于和自己生活密切相关的事物。但是在过去将近二十年间，互联网的极大推动打破了信息上的闭塞，将社会多种层面直接呈现给公众。信息量的增加，无疑在更大层面扩展了公众视野，对社会的认识也有全新的感知。进入2000年以来，互联网上的内容体量以指数速度在增长，大量信息的出现和文本的出现消解了信息壁垒，特别是促进了政策法规的透明性和及时性，公众接触到的"被阐释"信息的比例大大下降，同时这也对执政者提出了理念更新的要求。视野的开拓必然能够带来全新的理解能力，这是网络社会中个体最明显的一个进步。以上所述仅就宏观层面做出判断，但是现实并不容乐观：在当今，随着社会的层面不断复杂化，公众的判断能力仍然跟不上时代。我们至今能够频频看到金融诈骗、电信诈骗、医疗诈骗的新闻，公众仍然极度缺乏对现代社会运作机制的了解，缺少对社会基本常识性的判断。学术界一直在提倡加强受众新媒介素养，普及基本媒介常识，从提高公民现代意识来看是十分必要的。

二、空间重组：社会化生存

人类社会存在的基础，就是不断将"新人"社会化，使其学会社会交往技巧，适应社会生存法则，进入到主流社会结构。1996年，美国学者尼葛洛庞帝在其出版的《数字化生存》一书中提提出"数字化生存"的概念：在信息社会，人类生存于一个虚拟的数字化空间，在这个空间里人们利用信息技术从事交流、学习、工作等活动，信息技术全面渗透到个人生活的方方面面。[1] 网络社会的"部落化"结构对人的社交能力提出更高的要求，作者描述了信息社会的数字化因素，但彼时新媒体的发展并没有展示出来较为明显的社会连接属性，我们今天看来，信息技术除了带来数字化生活模式外，同时也给我们带来一种全新的生存模式——"网络社交性生存"。在虚拟空间，关系构建时空无限可能，人们生活在不同的网络环境中，在多个社交情境中不断流转，在这种环境下，人们的生存法则应该满足以下几点能力的需求：

- 获取信息及处理信息的能力，并且能够在海量信息中进行甄别，将自己需求的信息挑选出来；

[1] Nicholas Negroponte(著)，胡泳(译)，《数字化生存》，海南出版社，1997年。

- 对不同事物、人、观念和价值观的包容性，并且形成持续不断接受新鲜事物的能力，保持自身开放性的能力；
- 跨越群体的信息传播和资源调用整合能力。

按照这三点需求，人们需要不断提升在虚拟空间的社交范围和能力，才能够获取相应的生存空间，数字化生存的背后其实是更广维度的“社会化生存”。确切来讲：“社会化生存”是关系结构变化的必然要求，现实的族群、虚拟的部落都需要人们熟知社交规则，学会与陌生人打交道，适应部落文化才能够建立个人化的生存空间。

第二节　个体网络的结构变化

如果说新媒体首先对个人充当了启蒙老师的作用，那么在个人部落化生存适应过程中，首先改变了个体网络的结构。本节将通过已有的实证数据，来描述当前个体网络结构的变化，数据来源为2012年，笔者参与的教育部人文社会科学研究青年项目（项目编号：10YJC860023）的实际调查。该项目调查了青少年新媒体使用及其社会网络的情况，共收取样本592个，为了更准确地了解青少年线上互动情况，本研究采用“讨论网”作为考察对象。

线上讨论网基本结构[1]

	Mean or %(N)	标准差 S. D.	样本量
网络密度	0.39	0.32.	506
0	17.8(90)		

[1] 研究数据来源于教育部人文社会科学研究青年项目（项目编号：10YJC860023）的实际调查，数据时间2012年。

续表

	Mean or %(N)	标准差 S.D.	样本量
0.01—0.19	11.7(59)		
0.20—0.49	36.7(186)		
0.50—0.74	16.5(83)		
0.75—0.99	4.8(24)		
1	12.6(64)		
网顶	8.70	3.49	469
网差	2.06	3.29	469
异质性			
性别异质性(最大值)	0.28	0.16	563
0	23.8(134)		
0.32	26.2(148)		
0.38	43.4(244)		
0.44—0.50	6.6(37)		
年龄异质性(标准差)	2.93	4.52	433
教育异质性	0.23	0.28	502
0	53.8(270)		
0.32	17.9(90)		
0.38	1.8(9)		
0.44—0.50	14.7(74)		
0.51—0.80	11.8(59)		
职业异质性	0.21	0.34	529
0	65.0(344)		
0.32	15.5(82)		

续表

	Mean or %(N)	标准差 S. D.	样本量
0.38	7.8(41)		
0.44—0.50	11.2(59)		
0.51—0.80	0.6(3)		

通过数据我们可以发现，个体讨论网的网络密度均值仅为 0.39，其中 17.8%(N=90)被访者的网络密度为 0，这说明在个人讨论网内，成员之间互相不认识，网络异质性较强；仅有 12.6%(N=64)的被访者讨论网络密度为 1，个体嵌入的是一个高密度的小圈子；66.2%的被访者讨论网络密度低于 0.5。从这几组数字中可以发现：新媒体缺失稀释了个人核心讨论网的密度，与不同人打交道、讨论问题成为社会成员互动常态。本研究所调查的对象是大学生，如果是公司白领等社会职业人，那么异质性趋势将会更加明显。

如果深入到讨论网内成员类型的构成，我们可以发现明显的结构变化趋势：血亲关系的比例在下降，作为“朋友”的讨论对象比例最大，同学次之(21.08%)，血亲关系所占比例为 23.54%。

线上讨论网成员构成[1]

	Mean or %(N)	样本量.	总提名数
整体样本及提名：	4.3	567	2438
性别：			
男	47.05%		
女	52.95%		

[1] 研究数据来源于教育部人文社会科学研究青年项目(项目编号：10YJC860023)的实际调查，数据时间 2012 年。

续表

	Mean or %(N)	样本量	总提名数
年龄：	23.06	7.58(标准差)	
关系来源：			
现实朋友：	85.86%(2087)		
家人	15.42(376)		
亲戚	8.12(198)		
同学	21.08(514)		
朋友	37.08(904)		
邻居	3.20(78)		
其他	0.70(17)		
网络上认识：	14.14%(351)		

在实际调查中，为了区分“朋友”和“同学”之间关系的模糊性，将“朋友”类型作为单独变量提炼出来，根据上述结果发现：无论是先天赋予的血亲关系，还是业缘(同学关系)，都不是个人讨论网的核心力量，相反是在此之外，个人自致性关系(朋友)是最主要的讨论对象。扩大化了的个体网络是部落化生存的必然选择，与单位、村落不同的是，个体需求和资源的转移，促使个体必须要跳出先天性关系网络。但是我们同时要关注一个数字：仅有14.14%的成员是来自于网络上认识，而绝大部分是现实关系。因此我们并不能盲目夸大网络对于个体讨论网络的影响，只能说它带来了新的选择。

第三节　自我表露的延伸

长期以来，中国人比较羞涩且不善于表达自我，这是由于我们的文化和传统决定的，我们崇尚的是“君子敏于行而讷于言”，我们有太多的贬义词来形容擅长表达自己的人，比如出风头、张扬等等。可以说，长期以来，我们中国人的自我形象是由他者口碑来决定的，口碑好与坏在于他是否很好地满足了社会期待和社会准则。中国人不善于自我表露有文化传统作用的因素，同时也受长期以来自上而下的信息传播结构的影响。农业社会时期，社会舆论和对个人的评价权掌握在乡绅手中，他们拥有绝对的本土话语权，工业社会由政治、经济权力机构掌握社会舆论权力，自上而下的传播结构根本不会留给个人丝毫空间去展示自我。但是随着新媒体使用强度的增强，传播结构在发生着巨大的变化，整个社会公众的自我表达出现了新的变化。当然，我们不能将这些新变化完全归结于新媒体的因素，其同时也是社会文化氛围和价值观变迁的结果，但至少社交化媒体给了公众进行自我形象塑造、进行自我表达的一个良好平台。

一、作为生存技能的自我表露

自 1958 年美国心理学家西尼·朱拉德(Sidney Jourard)提出自我表露的概念以来，就成为社会学领域研究的焦点，进入到社会化媒体时代，有关新媒体与“自我表露”的研究成果大量涌现。自我表露是指个体与他人交往时候，自愿展示自己的言行，向他人倾诉。自我表露其实是社会互动的一个重要环境，它可以帮助人们强化自我的认知，塑造良好社会形象，减少交往摩擦，同时对保持良好心理状态具有积极作用。在前互联网时代，自我表露被看作是亲密关系的重要行为，多出现在强关系网络中。自我表露是一个互动过程，能够定位、重塑双方形象及认同程度，是个人参与社会互动的重要行为。

1. 虚拟空间的自我表露

不同于现实环境，虚拟空间的自我表露对象范围出现了扩大化，以往人们只对熟人自我表露，但是在虚拟空间中，陌生人之间的倾诉和表露也时有发生。在日常生活中，人们经常会碰到不愿意和熟人交流的事情、情感，而虚拟空间的匿名性却为使用者提供了较为理想的情感倾诉平台，面对陌生人敞开心扉，这对于保持个体的心理健康极有作用，在网络上的倾诉成为了当代人们生活的一个减压阀。有研究发现：线上陌生人之间的情感支持较强，如下图所示：

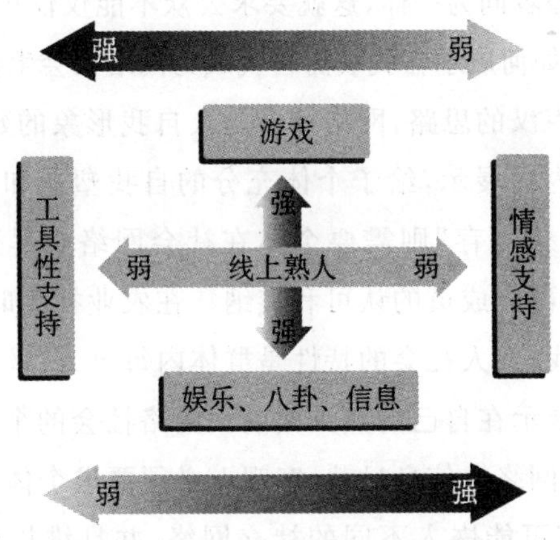

与传统经验相反的是：线上熟人在情感支持方面是较弱的，人们更愿意向陌生人倾诉，这是虚拟空间的自我表露显著特征。[1]

新媒体研究者经常苦恼的一个问题是：在搜集网络数据的时候，个人在网络上的资料经常缺失，比如研究对象的社会属性变量空白，面临着需要处理大量"缺失数据"(missing data)的问题。如果从自我表露的角度来看，缺失数据其实也在隐含着个人行为的特征，缺失数据越多，证明个体自我表露程度越低，可用来作为重要考察变量。

---

〔1〕刘凯：《个体线上关系构建、结构及其影响》，北京大学博士论文，2012年。

2. 作为生存能力的自我表露

在麦克卢汉的理论视野中，媒介是人的身体的延伸，它能够帮助人们突破时空的限制，在更大范围内延伸自己的听觉和视觉。麦克卢汉的理论基础是建立在传统媒体之上的，以其为代表的传播技术学派以受众为研究中心，将公众默认为作为信息接收者。网络社会则改变了传者和受众之间的关系生态，受众同时也是传播者。网络社会受众和传播者同为一体，这就要求公众不能仅仅扩展自己信息获取的广度，同时如何展示自我表露自我成为网络社会生存的必要技能。

基于麦克卢汉的思路，网络社会是人自我形象的延伸，是自我表露在更大范围内的展示，给予个体充分的自我塑造和发展空间。如果要保证"社会化生存"则需要个体在社会网络中尽可能地展示自我，才能够得到群体成员的认可和接纳。在农业社会时期，我们不需要刻意展示自我，熟人社会的特性是群体内每个人"丝毫毕现"，个体的一切细节均展示在自己的熟人面前。网络社会的个体犹如置身于一张宏大的网，网络内信息过载，客观上必须要求个体具备"推送"自身的能力，才有可能嵌入不同的社交网络，并且维护已有的社会关系。大家通过互联网络，积极参与到热点事件评述，投身于虚拟空间每天不断生产文字、图片、视频的内容，这种变化是个体从封闭走向开放的体现，而自我表露则是个体需要在网络社会进行生存的第一必要技能。

社会学、管理学、心理学和传播学界对自我表露的研究已经十分丰富。传播学界的主要研究是社交媒体对个人自我表露的影响及规律性特征。当人类社会进入到网络社会时期，个人所面临的受众群体规模庞大且多元化，这与熟人社会存在较大差异。对于个体的人来讲，熟人社会所需要表露的群体是固定的，表露内容和方式有既有文化价值观念和社会文化规范，也就是说在熟人社会，人们不需要太多的自我表露,因为大家彼此"知根知底"。网络社会则不同,我们除了初级群体外,还有庞大数量的生人群体需要沟通,需要去通过呈现自我建立新的联系。因此,我们可以断言信息化社会,自我表露能力是一项十分重要的生存技能。

虚拟空间的自我呈现与个体在网络社会能够获取的资源密切相关,我们梳理若干研究可以发现,良好的自我呈现,能够给个人带来如下收益:

1. 丰富多元的信息来源,更多的发展机会;
2. 更多被关注的机会,更多扩大社会网络的机会;
3. 获得引领群体的能力,成为某些群体的领袖;
4. 日益增强的社会资本。

3. 表露的社会逻辑

社会每前进一步,总是伴随着人的不断解放。无论是社会对个体的文明程度还是个体自身精神气质的提升,总体上呈现上升趋势,主要表现在个人逐渐挣脱权力或者物质的束缚,社会活动范围和知识储备逐渐增大。就社会关系发展史而言,这是一个不断趋于复杂化、多元化的过程,同时伴随着个体开放性的不断发展。

农耕社会的闭塞性不仅仅体现在严密难以逾越的社会等级秩序,同时还具备以下特征:个人信息闭塞、价值观念高度统一、个体思想开放度很低,这由个人所处的地理和社会环境共同决定。我们可以这样更深入地来描述农耕社会的个人:每个人都是原教旨主义教徒,原教旨可以是宗教的、文化的、风俗的、传统习惯的。人们拒绝变化,决不允许异端思想。鲁迅笔下的阿Q、孔乙己都是农耕社会的活化石,中国历史上变法者和西方历史上"异端学说"者的悲惨结局,从反面说明了在农耕社会做一个开放的人是一件十分危险的事情。

工业社会建立起了高效的交通和通讯方式，将人际交往从地域的束缚中解放出来。威尔曼在描述这个过程的时候这样写道：“电话和高速公路将人际交往变成点对点的形式，突破了生活地域的束缚。”无疑，工业社会在物质上突破了地理限制，在权力上打碎了封闭的原教旨主义文化，推动社会第一次向多元化前进。具体到中国，改革开放前我们实行的是国家计划体制下的工业化，虽然交通和通讯技术有极大发展，但是由于社会管理体制问题，人际交往并没有呈现大规模的解放。自改革开放后，公众大规模参与到现代化建设，管理体制进一步放松，随着阶级斗争意识形态的淡去和向经济建设为中心的转移，人际交往挣脱了“政治成分”的捆绑，同时由于电话、手机等通讯工具的助力，人际交往的范围急剧扩充，中国社会进入了前所未有的“社交解放时期”。由于受传播工具单向性影响，彼时人际关系依赖线下交往和既有的人际关系。

网络社会进一步扩大了人际交往的范围，使得人们在更大时空范围之内建立联系，作为个体的人来说这意味着进一步解放。不可忽视的另外一个因素是，网络社会形成时期伴随着急剧的全球化进程，借助互联网，人类交往第一次大规模突破地域、国家、文化的限制，真正变成了“地球村”的交流状态。

如果我们对这些表达类型细分的化，大致有以下几种类型：

- 基于兴趣爱好的表达；
- 基于朋友圈层的表达：旨在维护自我形象，维系与他人的关系；
- 基于心理需要的表达：包括被关注感、自我实现满足感、被认同感、炫耀性表露等。

上述三种类型，均带有明显的群体性特征，这在部落化结构的社会网中体现得尤为明显。

三、部落内的表演

根据戈夫曼的拟剧理论，个人的社会角色行为受到情境的影响，这个规则在虚拟社区仍然起作用。与现实社会不同的是，虚拟空间的自我表露对象是多种群体混杂的，也就是说人们在虚拟空间的互动会陷入到“多情境模式”。在传统部落内，人们在群体中的言行不需要过多考虑情境问题，因为“彼此熟悉，知根知底”，但是在当代部落内，人们需要学会“表演”，以保持个体在多情境中自我形象的协调一致性，在不同部落间腾挪转移，找到最佳、最安全的表露内容。

以一个大学生的微信朋友圈为例，他的表露可能会面临以下几种受众：父母、同学、老师、男女朋友、网友、社团的同事、兼职的老板等等，在混杂的情境下，个体的自我表达需要考虑更多的情境因素。

在笔者进行的相关田野调查中，曾经访谈过一名大学生，她谈到自己如何选择发布朋友圈内容的时候提到：

> 我每次发布朋友圈的时候每次其实很为难，当然，发布美食、旅游照片的时候没关系，但是当自己心里难过的时候就想在朋友圈吐槽一下，吐槽的时候就很为难：有时候怕父母看见了担心，怕老师看见了觉得我这个人不怎样，担心对我有负面印象，小学、初中、高中和现在的同学看到了都会反应不一样，我就很小心。当然，有时候发些调侃的段子的时候也很有“风险”，担心一不小心自己的形象毁掉。当然，对于有些我实在不想接触的人，我会直接屏蔽掉。

这个案例具有典型性，代表了当代人的普遍困惑：当交往圈扩大后，部落间广泛连接，我们没办法逃避，仿佛置身于一个巨大的人际关系网，而且这张网透明可见，我们要在这张网上展示出来多个不一样的自我。社交媒体的自我表露传播范围多以“部落社群”为主，对其内容进行观察分析，发现我们的传统习俗并没有发生改变。朋友圈内的自我表露更多还是为了维系自身社会网络为目的。但此时的部落更加混杂化：可能有亲人好友，有熟人，有陌生人，有半熟关系等，多层次关系的混杂影响到了个体行为模式，特别是在进行自我表露时候面临着复杂的选择：每个人需要在同一个场所跳舞，满足符合不同类型的人对自我的认知，部落间的不断切换自我，进行多层次的表演是当代人的行为特征之一，它在潜移默化促使人们更加多元分裂。

第四节　个体行为的网络化

日益开放的个体不得不面临着信息化社会的烦恼：信息过载。与农业社会形成鲜明的对比：农业社会的个体属于信息极度匮乏状态，个体对信源的渴求不是很强烈，个体对文化、秩序的接收远远超过了及时信息。在信息过载环境下，每个人接收的即时性信息呈现爆炸特点，但从整体来看，虽然信息传受呈现个性化，但并非完全的原子化状态，而是呈现出明显的网络特质。网络社会容易产生感染性，行为、情绪和流行等方面表现得尤为明显。

一、网络化行为的表现

普鲁斯特在《追忆似水年华》一书中，描述了味道能够引起群体性的回忆，这种群体心因性驱动的行为在网络上层出不穷，越来越多的网络事件表明虚拟空间的人类行为需要从新的研究范式入手，观察并总结其内在规律。在虚拟空间中，人的行为呈现明显的群体化特点，同是会呈现间歇性“爆发”的现象。这揭示着网络空间内的人类行为有区别于现实。幂律分布的特征也更加明显。

1. 具有破坏性的虚拟集群行为

集群行为是具有破坏性、群体无意识的具体行为，群体性谣言传播、银行挤兑、股票抛售等都是典型案例，“集群行为”英文写成 Collective Behavior，又译作“集聚行为”或“聚合行为”，它是与处在既定的社会规范的制约之下的群体行为相对而言的。[1] 在虚拟空间中，个人很容易被卷入集群行为中，而且发生集群行为通常以部落为单位，造成局部恐慌和参与后迅速向其他部落蔓延。

为什么在虚拟空间中频出爆发性的集群行为？我们从一个案例入手进行剖析。2011 年 8 月 6 日在英国首都伦敦开始的一系列社会骚乱事件。事情起源是因为一名黑人男性平民马克·达根（Mark Duggan）被伦敦警察厅的警务人员枪杀，随后民众上街游行，到 8 月 9 日，骚乱范围不断扩大。在这次骚乱中，黑莓手机自带的社交平台起到了很大的刺激作用，骚乱组织在此形成并遥控沟通实时进展，在短时间内卷入了大量的年轻网民参与其中，甚至有的网民走上街头参与暴乱。无独有偶，近年来中国的网络群体性事件数量在急剧飙升。

从 2006 年的“铜须”事件、“虐猫”事件，再到后来的“辱师”事件、“范跑跑”事件，都可以看作是通过道德或者价值观的标准，迅速聚拢认同者的集群行为。而这些集群行为，随着参与人数的不断增多，其影响力也迅速加强。而这种集群行为，也大大增加了网络暴力的发

[1] 周晓红：“集群行为：理性与非理性之辨”，《社会科学研究》，1994 年第五期。

生几率。

互联网集群行为爆发的机制是什么？从人类行为学的角度来看，是由于全新的社会动员环境造成的，动员行为变得越来越简单，其影响范围无限蔓延，虚拟空间的匿名特征潜在激发了个人动力：

(1) 首先网民的聚集呈现群体性，在社群中个体之间价值观和行为模式高度相似，容易成为引爆点；

(2) 一个引爆点的出现，会迅速引发同类社群的爆点，从而在短时间内形成流行趋势；

(3) 个体在网络社会需要不断寻找自我归属感和认同感，同类的行为提供了满足自我的平台和工具，同时匿名性加大了个体行为的动力。

同现实一样，引爆者对群体行为的操纵和引领十分重要，新媒体则扩大了引爆者的能量，个人行为能够产生连锁传递效应。

2. 蝴蝶效应：个体能量的传递

在虚拟空间，个体的行为很容易引发蝴蝶效应，带动相邻网络内成员的模仿，甚至能够引发全网行为，在部落结网时代，个人的行为已经不能够被看作是纯粹的个人行为。2011 年 6 月，郭美美在微博上以“中国红十字会商业总经理”的虚假身份炫富成为社会关注焦点，很快公众关注焦点从批评炫富行为到对红十字会的质疑，进而又扩大到公众对中国整个公益慈善事业产生负面影响，可以说此事件成为中国公益事业发展的最深刻之痛。但事情并未就此截止，公众的关注焦点和舆论批判转向了各类基金会、公益组织等，几张照片颠覆了整个中国现有的诚信体系，对整个社会慈善、公益氛围打击甚大。

个体行为带来的蝴蝶效应，在反腐工作中也有较好的例子。陕西安监局长杨达才，面对一个惨烈的汽车事故，还能面带笑容，被网民戏封为“微笑哥”。同理还有“雷政富”等一批官员，因为个体的力量，通过网络的平台不断扩大，由此所造成的结果，恐怕是当初的信息发布者未能预估出来的。

网络部落成员的偶尔发声，经过层层传递被放大，瞬间可以成为全社会关注的焦点，甚至进而引发更深层次、更大范围的网络事件。在整个传递的过程中，意见领袖和部落信息桥节点的能量再一次凸显，为数众多的参与者和显眼的明星节点，这些特征都指向了我们生存在一个“无标度的部落网”，在无标度网络中，事件、行为、流行均有可能呈现爆发状态，默默无闻的人有可能瞬间成为关注的热点，几乎每天在网络上都会上演。

二、网络化行为的学理解释

1. 沉默螺旋的虚拟力量

“模仿”是人的天性，从人社会化开始，模仿行为处处规定人们的行为模式。纽曼认为：在群体中，个人容易屈从于集体的力量，大多数个人会力图避免由于持有独特态度和观点而被孤立，因此人们不愿意公开表达自己的观点，让自己的观点和行为尽量与群体保持一致，如此循环发展，个体的声音和力量成为沉默的螺旋，集体公议占据绝对上风。尽管在网络上个体表达自由，然后个体很难摆脱集体的能量，芸芸大众经常性被卷入热点事件。

据调研机构皮尤调研中心(Pew Research Center)和如罗格斯大学(Rutgers University)周二发布的一份报告称，Twitter和Facebook等社交媒体会遏制观点多样化，阻碍公共事务辩论，限制人们发表自己的观点，尤其是当人们发现自己的观点与好友不同时。……该报告作者、如罗格斯大学副教授基斯·汉普顿（Keith N. Hampton）称："使用社交媒体的人们正在寻找新的政治互动方式，但政治参与政治讨论存在着巨大差别。如今，人们不愿表达自己的观点并展示给其他人。而在一个民主社会，这种展示恰恰是我们希望看到的。"〔1〕

根据皮尤调研中心的报告，我们更清楚认识到，沉默螺旋的力量在互联网依然存在，甚至有扩大的趋势。纽曼最早提出沉默螺旋理论，是基于社会心理学，人的心理机制在网络时代并不会改变，改变的只是心理机制发挥作用的范围和形式。当网络公共意见形成之后，个体的表达就会受到压抑，即使是在匿名的虚拟空间，个体仍然需要在观点态度上的支持和认同，当个体表达不被集体认同时候，个体也就失去了表达的动力。同时，社交网站不断在挖掘大数据，通过用户生产、检索内容规律不断推送相似的内容，强化了个体在某一方面信息的超常过载，个人在不知不觉中更加强了相关内容的接受，长期以往，个体容易形成在某一领域的刻板印象，而与其他领域的内容相对隔离，在某一领域内过载的信息促使个体更加渴望在某一领域内的观点认同。

在网络空间，社会孤立的动机并没有消失；网络群体对个人意见的压力作用方式有所变化，强度相对减弱，但其影响依然不

〔1〕原文出自于《纽约时报》文章"社交媒体如何抑制辩论"（How Social Media Silences Debate）的文章，翻译引自于新浪科技，2014，8，27，http://tech.sina.com.cn/i/2014-08-27/19299580693.shtml。

容忽视;从众心理的动因继续存在,从众现象依旧普遍。[1]

在网络中,沉默的螺旋现象更多发生在一些话题的论坛或者讨论组中,大部分人加入某个兴趣点的讨论后,发现观点不一致时便不再表态,或者在讨论中占据下风后选择沉默或者离开,这个现象在知乎某些话题中尤为明显。知乎有一个话题:“中国现在到底有多强大?”。纵观所有回答,绝大多数的主观意见都是在叙述中国越来越强大的内容,而对中国软实力或技术水平不足的论证并没有得到大多数人的认同(赞数),该类回答数量处于绝对的弱势地位。

2. 作为狂欢的部落仪式

并非在所有时候,网络化行为是由于个体心理造成的,不可否认的是:在某些时候,跟风表达是个体彰显自我存在的重要形式。当一个行为成为热点后,公众会热情参与其中,不是为了利益、兴趣,而是条件反射式的参与,加入到虚拟空间的仪式中,而这种仪式恰恰是维系网络部落存在的重要文化机制。有时候,网民为了寻找存在感而加入集体无意识的狂欢行为。

2009 年金正恩就任朝鲜最高领导人,自此时开始,金正恩就成为网民们狂欢消费的对象,卡通人物和调侃的段子一时间充斥网络,人们乐意加入到这场恶搞狂欢的仪式,甚至将其头像做成表情包广为传播。在现实中,金正恩与网民日常生活十分遥远,人们愿意加入这场毫无意义、毫无理性的娱乐化行动,是个体在部落内生存的基本文化认同。在新浪微博上拥有千万粉丝的@留几手,通过点评网友照片而迅速蹿红,点评充满了谩骂、讽刺,但是网民乐此不疲,争相加入到这场看似荒唐的“晒照片求点评求骂”的狂欢汇总。笔者曾经访

---

[1] 谢新洲,“‘沉默的螺旋’假说在互联网环境下的实证研究”,《现代传播》,2003 年第 6 期。

谈过一位被留几手评论过且给了“负分滚粗”评价的网友：

> 被手哥（网民对留几手的昵称）评论是一件十分有面子的事情，虽然被评为负分，但是感觉自己真的露脸了，而且那么多人都被评为负分，我也不担心啦，总之就是觉得好玩……我等了好多次才被评价上，感觉有点像中奖了一样，我朋友知道了后也上传照片，求点评，但到现在他们都没有轮上，我感觉好幸运。

我们不能否定类似的狂欢为中国这个长久以来压抑的社会带来了清新娱乐之风，同时也有力地创造了族群文化。但是同时我们也应当看到其产生的负面影响：不再有崇高，人们都在不断追求无厘头的恶搞，相互攀比“无所谓”的态度，狂欢背后是对文化的彻底背离。有学者这样悲观的描述：

> 在Web2.0的世界中，我们的世界观、我们的文化正在遭遇大批“业余者”的攻击。网络“剪贴文化”窃取了学者、艺术家、编辑、制片人辛勤创作的成果。网络博主的个人意见成为引领大众的舆论指标，YouTube上的自制视频取代了电视网，数字盗版压垮了音乐产业……面对业余玩票凌驾专业考虑、智力成果在网络上免费下载，并将其视为理所当然的现象。[1]

在书中，作者将狂欢者描述为“高贵的业余者”道德失范。那么我们反观今天的草根阶层，每个个体的独特表达无疑在释放自己的文化能量，努力让自己成为一个“高贵的文化生产、传播的业余选

---

〔1〕安德鲁·基恩，《网络的狂欢：关于互联网弊端的反思》，南海出版公司，2010年。

手”。

而更为典型的案例就是“火星文”和“二次元”，在本质上这两种网络文化并没有太多的实质意义。但在年轻一代的某些群体，为了彰显自己的个性，表达自己懂得潮流、没有落伍，纷纷加入到这种虚构的文化中，给自己贴上标签，以期望取得周围同龄人的认可。

> “火星文”是以制造交际障碍，标榜言语社团的小团体性的网络语言的“次方言”，是网络中更多的使用多种“反汉语传统”的表达手段如符号、非正规汉字，夹杂方言、外语的综合体，是最新颖最典型的“网络语言”。[1]

而这种排外性的网络语言，其实也是特定文化部落中的标签，其身份认知的作用，要远远高于其用于沟通的作用。

第五节　个体跨群与多向度形成

马尔库塞认为工业化进程造就了一批只有物质生活，没有精神没有创造力的“单向度”的人。作为法兰克福学派的领军人物，马尔库塞从文化艺术与工业化冲突为突破口，层层揭示了工业化对人个体的压抑。从社会关系角度来看，马尔库塞所描述的“单向度的人”处在原子化状态，分散的个体不能够创造出群体性文化。

本书认为：网络社会的特征是使得原子化个体重新结群，单向度的人会在网络社会终结，从而创造出一类新的“多向度”的人，个体必然走向多元开放，社会的创造性也必然会提升。

---

〔1〕陈佳璇：“‘火星文’：网络语言的新发展”，《修辞学习》，2008年第四期。

如此简单推断不免过于草率，网络社会至少在多个层面对人重新塑造，社会运转逻辑完全迥异于马尔库塞所处的工业化时期。就中国而言，目前虽然处于工业化急速发展时期，但是重叠性的社会形态使得我们社会结构呈现出更为复杂多彩的形态。

一、个人必然嵌入多个社交网络

1. 弱关系的增量变化

在早期的社会网研究中，研究者更多关注的是亲密关系，并认为强关系、亲密关系才具有价值，格兰诺维特通过对求职过程的研究发现：弱关系在人们日常生活中发挥重大作用，特别是在提供新鲜资讯方面，增强个体创新能力、促进发明创造有着独特的作用。一个人关系网内存在着大量的弱关系，意味着他拥有一个大规模、异质性的网络，大量异质性的网络能够帮助个人获取更多的机会。

另外推动个体跨群体的原因在于社会分工的不断精细化。社会分工自从人类诞生以来就从未停止过，工业化加速了这一进程，至网络社会，社会分工的精细程度进一步强化。以中国为例，改革开放后，原来社区、单位等“块状结构”承担的社会功能逐渐被大型“条状结构”专业组织所替代，例如保险、教育、医疗、养老等，社会细分功能愈加明显。

在网络社会，个体要获取生存、发展所必须的资源就必须依靠个人嵌入网络群体。这与我们传统社会有很大不同，传统社会的个体生存在一个完全高度同质化的圈子内，这个熟人圈子提供了个体发展的知识、经验、风险救助等需要，当熟人圈子消失后，或者说仅靠熟人圈子不能够完全支撑个体需求时候，客观上就要求个人必须在网络社会学会嵌入不同圈子，与不同人打交道。

2. 异质性的强化

中国古代哲学就开始思考群的“和合问题”，是聚焦于同类？还是和而不同？就本土文化而言，我们更倾向于同类而聚，在民族的文化基因中，缺少应有的开放和对“异类”的包容性，正所谓“非我族类，其心必异”。在部落化时代，个体网络结构的异质性明显增强，我们不再生活在一个高度认同、高密度、高度协调一致的同类群体中，相反，人们像流连于不同网络间的社交动物。

但是罗宾·邓巴认为人类有一个社会网络的极限，一个人平均社会交往规模是150人。[1] 这个论断被称为邓巴数字。邓巴所指代的社会交往是持续的高强度的交往，但在网络社会这个数字可能会增大。因为在网络社会，通过不同的社群，我们拥有大量的“潜在性”社会关系，他们平时是不联系的，网络社会极高的可达性使得个人能够联系到更多的人，撬动更多资源。

二、多元文化的统一

前文论述过社交媒体的数据推送机制容易让人在某一方面的信息量过载，长期偏向同质化信息的阅读。从整体上来看，个体在网络时代接触到的信息比过去以往任何时代都要多元，个人经过筛选、解读、再接触，形成了具有个人特点的接收信息体系。

1. 传统的文化“单面人”

陈忠实在《白鹿原》中为我们展示了一个封闭统一的文化圈，各色人等高度认同家族价值观念，都认为“面子”是生存的第一要务。在有限的资源中，对于竞争者一定要置之死地而后生。封闭产生愚昧，愚昧并非智商问题，而是个人信息来源单一所导致。漫长的农耕文明发展过程中，中国民众生活在一个封闭的“白鹿原”内，鸦片战争后，欧风美雨渐渐浸入中国，我们第一次接触到了完全不同于自己的

---

〔1〕Hill, R. A., and Dunbar, R. I. M. “Social network size in humans”. *Human Natuire* 14, 2003.

文化系统。彼时第一反应就是“中学为体，西学为用”的自然选择，同时我们也下意识的将外来文化纳入到自己的理解体系和认知范围内。新中国成立以后，历次政治运动又恢复到价值观念大一统的时期，“文革”结束后，社会又一次启动了文化多元化的进程。

在高度同质化、单一的信息氛围内，任何人很容易被纳入到社会规定好的价值体系内，并且形成顽固的文化外壳，难以接收外来的新鲜信息。在过去的2000年内，中国人在信息方面越来越趋于衰老，毫无外来刺激和文化内部的自我否定，沉浸于自成一体的文化圈内自娱自乐，这也是我们近现代落后的文化诱因。可以说，长期以来，我们个体的人没有“信息抉择”空间，一切都是依附于权力秩序和社会结构之上的附加品，个人成为毫无信息选择能动性的“单向度人”。

2. 个体的多部落文化统一

互联网跨地域性提供了更为复杂丰富的文化系统和价值观念，可以说人类历史上第一次有了大规模交流的平台。按照接触信息层次，我们可以将人按照文化观念划分为两类：单一文化系统的人和多元文化系统的人。生活在多元文化系统内的人更加开放，并具有较高的包容性。

由于人们需要在部落内进行交流生存，必然要熟知不同部落内的文化规则，正如前文所描述的人们需要在不同部落内进行“表演”，表演的道具则是碎片化的知识。人们对“碎片化”知识一直持有批判态度，认为碎片化知识降低了人们思考能力，不能够系统学习真正的知识，通过大量心灵鸡汤、碎片知识进行炫耀性交流，长期以往是有害的。无疑，这些论述十分合理，但不可忽视的是，碎片化和多元化信息并非个人的自主选择，而是我们目前生存的现实环境，个人并无能力去改变它，只能不断切换自己信息接收、解读的场所。在此之外，我们不能忽视人在选择信息的能动性。从个人发展轨迹来看，网络社会中的人处于时刻变动的状态，也就是说人的价值观念体系会在网络社会发生持续变动。传统社会科学在研究人的社会化及价值观念时，人们生活在一个相对单一稳定的文化系统，因此我们认为价值观念一旦形成，具有相对稳定性。

本书认为：人的价值观念一方面受文化传统和教育体系的影响，另外一方面受其所生活人际关系环境影响。正如上文所述：在网络社会中，人际关系处于高度开放，且网络结构变动性较强，随着与不同人群的接触，人的价值观念不可能一成不变。往深处说，我们需要在网络社会中重新思考人类社会化过程及其价值观形成的机制。综合以上，我们不难发现一个特征：网络社会的人趋向于开放，包容度提高，具备了远离偏见、固执的社会基础，这是现代文明应具备的基本素质。

第六节　个体社会资本的成长

社会资本是社会科学重要的一个分支领域，布迪厄首先提出了这个概念。随后有不同的学者从不同角度对"社会资本"概念进行了阐述。如帕特南在《独自打保龄球》一书中，从宏观视角分析了社会资本的内涵，认为其是凝聚社会、共同提升社区社会整合能量的有效工具，他关注美国整体社会的撕裂，林南则从人力资源角度看待社会资本，他认为社会资本是嵌入社会网络的社会资源。无论是宏观视角还是微观视角，社会资本都是我们当前不可忽视的重要议题。

从以往学者的研究来看，自我呈现与个体社会资本多寡之间确定存在正向相关关系。埃里森等人在 2007 年针对大学生使用 Facebook 的研究结果表明：大学生使用社交网络强度越高，明显能够提升个体社会资本，增加信息、就业等方面发展机会。[1]

一、网络观的社会资本

近些年来，关于新媒体与社会资本的研究成果汗牛充栋，研究者尝试用实证研究来证明互联网对推动个体社会资本成长的巨大作用。社会经济地位一直以来是社会学研究的重点，一句话概括其内涵“是指依附在所占位置上有价值的资源”，分为个体资源和社会资源。布劳和邓肯(Blau and Duncan，1967)研究表明：先赋地位(父母地位)虽然对个体占有社会资源有很大的影响，但自致地位仍然是解释最终地位获得的重要因素。为了能够更好地解释个体自致性因素能够带来何种发展资源，“社会资本”的理论应运而生。20 世纪 70 年代末到 80 年代，以布迪厄和科尔曼为代表的学者提出“社会资本”理论，但诸多学者对其理解存在多个层面：科尔曼认为是社区的规范，能够起到良好的整合作用(Coleman，1990)；帕特南认为社会资本是对社区、组织的参与度(Putnam，1995)；还有学者认为是群体团结(Hechter 1983，Portes and Senssenbrenner，1993)。

林南在此基础上，提出了“资源嵌入”的理论模型：

> (a)社会资源命题(the social resources proposition)，即社会资源(如在社会网络中接触到的资源)影响着工具性的行动(如获得地位)的结果；(b)地位强度命题(the strength of position proposition)，即社会资源反过来也受个体自我先前的位置(以父母资源或原有资源为代表)的影响；(c)联系强度命题

---

[1] Nicole B. Ellison，Charles Steinfield，Cliff LampeThe Benefits of Facebook “Friends：” SocialCapital and College Students' Use of Online Social Network Sites，Journal of Computer-Mediated Communication，2007，12.

(the strength of ties proposition),即社会资源也受较弱联系的使用的影响,且这种影响还超过了较强联系的使用。第三个命题后来出现了变种延伸:也就是联系广度的命题:社会资源受直接和间接联系的广度的影响。林南将社会资本的作用机制归纳为"信息、影响、信用、强化"。[1]

无论以上理论模型从何种角度出发,均与社会网络的概念密切相关。个体只有在社会网络中,才能够获取相应的资源、成员间产生互惠、信任,从而增强微观层面、中观层面和宏观层面的社会资本增长。在农业社会,社会资本存量特点是孤立且封闭,个体能够获取的社会资源有限,但是可调用程度较高,因为封闭关系空间具有高密度、高强度互动、高度同质化的特点。在改革开放前,人们所能接触到或者建立的社会资源也局限于体制内的"单位"、公社、机关等,改革开放后有所扩展。进入网络社会后,如前文所述,个体的网络结构发生了巨大的变化,必然会带动个体社会资本出现新的趋势。

边燕杰等学者通过实证研究,归纳出通过测量社会网络度量个体社会资本的方法模型:网络规模,网差,网顶,网络异质性。从这四个指标进行衡量,互联网均在各个层面加大了社会资本的存量,因此,我们从网络结构角度,进行社会资本的研究是有效的。

二、互联网扩大了网络规模

在社交媒体没有出现之前,以 QQ 为代表的即时通讯工具对中国网民进行了启蒙教育:在虚拟空间,你可以认识很多人,在当时人们的朋友圈主要有两大类关系组成:一是线下已有的熟人,二是线

[1] Lin, Nan 1982, "Social Resources and Instrumental Action", *Social Structure and Network Analysis*, edited by Peter V. Marsden and Nan Lin, Sage Publications.

上认识的陌生人，即“网友”，当时陌生人关系很难转换成为亲密关系，自社交媒体出现之后，其好友推荐的机制让朋友作为中间人，网民得以大规模开始结识以朋友为中介的半熟关系。时至今日，中国网民的朋友数量在过去的二十年间借助新媒体力量成倍增长。从社会资本角度来看，网络规模是判断其多寡的基本前提。面对着不断增长的朋友圈，最重要的工作就是不断维护，社交媒体提供了人们便利的维护手段，我们有可能为自己保持规模庞大的交往对象。于此同时，网络上还潜伏者大量的被卡若琳称为“潜在的被压抑的但是可以随时调用的”人际关系。

在传统农耕社会，人们关系规模很小，除了拥有血缘核心的家庭成员外，其构建关系机会很小，所涉及地域十分有限，更遑论依据兴趣的自由择友。即使在工业社会，电话等现代通讯工具出现后，虽然人际交往有所扩大，但是对关系维护来说仍然是有很大问题。

三、互联网增强了网络异质性及网差

本书分析了教育部人文社会科学研究青年项目（项目编号：10YJC860023）的调查数据，发现新媒体使用和个人社会资本的增长密切相关，其中最为显著地变量就是网络异质性的增强，和网差扩大。网络异质性是指个人的关系网络成员之间的差异程度，差异化越大证明个体接触的资源广泛度越高，这意味着个体社会资本存量较多。“网差”则是指个体交往对象中社会经济地位得分最高者和最低者之间的差别，差别越大证明个体嵌入关系类型丰富。其实这两个测量指标有较强的关联性。通过实证研究发现：

在被访者中，个体网顶均值高于其父母职业声望，从网络密度来看，本研究数据显示个体线上讨论网的密度较低，网差在本研究中效应不是很明显，这与被访者的年龄层次及学生身份有很大的关系。

根据以上这几个测量结果，我们可以得出以下的结论：

- 虚拟空间消解传统地理、阶级等级的限制，个人能够在线上接触到更高层级的关系成员，从而增加个体的社会资本；
- 通过使用新媒体，个体能够嵌入多个层次的社会网络，而且网络的密度较低，异质性较强，松散、低密度的链接有助于提升个体的社会资本。

格兰诺维特对这种松散的弱关系情有独钟，它不仅仅在提升社会资本方面具有重要作用，同时它能够促使人们不断接触新鲜资讯，促进创新。

四、人人拥有结构洞

美国芝加哥大学社会学教授罗纳德·博特(Ronald Burt)发展了格兰诺维特的弱关系理论，在《结构洞：竞争的社会结构》一书提出注明的“结构洞”概念(structural hole)。博特这样来定义结构洞：个人占有社会资源、社会资本的多少和关系的强弱并没有必然的联系。在小群体中(也只有在小群体中)，每一个主体都和其他主体发生关系，每个成员之间都存在联系，也就是“无洞”的状态，这个时候个体毫无优势可言；但是在有些网络中，有些成员之间并没有联系，那么这些成员之间就出现了联系的空洞。个人占据空洞越大(即拥有的网络越大)，那么该成员获取的社会资本越多。

同时博特认为：如果关系过于紧密，这就陷入了“密度浪费”的封闭圈子，个体只有在低密度的网络内，才可拥有较多的结构洞，因为“社会资源占取需要不重复的网络越多越好”。从这个角度入手，个体如果能够充当不同资源、不同群体之间的“桥梁”的话，那么这个人无疑是十分重要的。博特的理论其实是彻底的结构化视角，个体在网络中的位置至关重要。其实这种现象在我们身边俯拾即是：作为中介的经济，最为"对缝、拼缝"的经济行为等，都是通过结构洞来获取利益的现实写照。在现实中，个体的网络位置很难被改变，如前文所述，在网络时代，这个问题已经成为了过去时，每个人的网络位置是动态的，每个人都会拥有多多少少的"结构洞"。

第七节　无边界部落：网络对个体的负面影响

在前文中，我们详细分析了互联网对个人带来的种种正面效应，然而任何事情并非硬币一面，我们必须冷静地正视互联网目前给个体的人带来的负面效应。当然，我们可以将所观察的负面现象及影响归结为人类学习适应新事物的过程，但我们不妨从本书的论题角度切入，深刻思考互联网为我们带来了哪些负面影响。

一、关系选择的焦虑

在信息爆炸的时代，个人有信息过载的现象，同时会产生深深的选择性焦虑。同样，在网络空间，多元化的交往对象和庞大的关系网络也会给个体带来焦虑感，这种焦虑感在于几个方面：

一是对关系重点选择的焦虑，在大多数情况下，个人并不十分清楚交往对象对自己的意义和价值，特别是在虚拟空间中，交往对象模糊性需要网民花大力气去判断、互动，从而产生清晰的关系定位。这个过程在现实中确有存在，但是在线下我们有太多的方法去甄别交往对象。

二是维护数量庞大的网络成员的焦虑。与太多人互动，对行动者来说是一个沉重的负担，他必须时刻保持面对不同的人，并且要学会表演、学会在不同的人面前扮演不同的角色，塑造不同的自我形象，在这个环境下，人的形象不是完整统一，而是在不断变化中。正如朱熹所云：月印万川。

三是个体会不断地与陌生人互动，不断去探测交往模式和底线，当交往对象之间毫无规则的时候，需要双方不断互动以形成双方均认可的行为模式。生活在熟人社会里面是幸福的，悠闲自得，但是在不断与陌生人打交道的环境中，人们总会感觉到疲惫，同时也会产生生活的无边界感。

笔者访谈过一名自称朋友遍天下的企业白领，她自称在微信上拥有上千名朋友，在访谈中她对自己的生活状态大倒苦水：

> 我每天一睁眼，第一件事情就是摸手机，每次打开微信看到上面密密麻麻的红点（注：未读信息）就感觉很抓狂，都不知道怎么办，不回复不行，每条都回复就很崩溃，时间根本不够用。……我用了微信以后，发现自己的工作效率急剧降低，一会回复一会看信息，根本静不下心来。现在想想认识这么多朋友并不是一件好事，经常是认识一个，顾不过来，过一段时间就丢掉了。

这位白领的境遇相信很多人都会碰到，任何事情都是双刃剑，网络在带给我们便利的同时，也给我们带来了“多”的困扰，这也许就是部落化生存的常态。

二、互动形式化

在现实人际交往中，我们会产生丰富多彩的互动形式，吃饭、聊天、听音乐等，但是面对庞大的网络成员，个人不可能通过现实的手段来维护线上关系，机械化、形式化的互动在网络空间应运而生。

“为你点赞”是网络时代较为常用的词语，其来源于社交媒体和论坛中支持某观点的互动行为。“顶一下”、“赞”、“水一下”等等诸多网络词语的日常用语，其实本质上也反映出了目前网络互动所导致的“形式化”问题。在朋友圈内“积攒”、为刷微信步数求存在感，以及晒朋友圈等问题的频频出现，本质上受到了网络带来的形式化互动的影响。在网络的平台上，互动方式受到一定的技术局限，被框在了各类平台设计的规则和程序中，而这种约束的时间越长，互动受形式化的影响就越大。近段时间以来，“直播”在互联网圈子里被热炒，主播与网友线上互动的理念似乎让“直播”生动起来，但其本质上是“为了互动而互动”并通过“互动”达到盈利的目的，其“形式”仍然大过互动的实际意义。

互动形式化意味着人际交往中缺少了实质性的内涵，在冷冰冰的技术符号面前，情感无处搁置。在网络技术框架内形成的互动符号，对于个体来说就是信手拈来的打发朋友的工具，我们个人的情感传递能力在退化，人与人之间的心灵交流被淹没在毫无生机的程序代码中。

三、被群体绑架的情感

在目前的网络环境中，网民的情感（或情绪）受所在部落的影响较强，部落的情感方向很容易带动部落内成员的情感，掩盖掉每个参与者个性化的情感表达，从而形成千篇一律的情感模式。特别是极端的情感表达，往往对群体十分有害，有学者观察到，群体情感往往会走向极化：

网络情绪型舆论往往伴随着“群体极化”现象的出现。“群体极化的定义及其简单：团体成员一开始即有某些偏向，在商议后，人们朝偏向的方向继续移动，最后形成极端的观点。”[1]

以 2012 年“钓鱼岛—反日游行”事件为例，通过钓鱼岛事件，网络中迅速聚拢了一批认可反日游行标签的受众群体，并通过该标签聚拢成为特定话题的部落。而随着事态的发展，当对事件愤怒的情绪开始在部落成员内出现后，部落情感逐渐转向单一化和同质化，形成了对此事件共同的“情绪认知”。而在事后的调查中发现：湖南省纪委干部透露，某市拘留的 47 名参与打砸的青年在被询问时，有 12 人不知道钓鱼岛在哪里。而这 12 名“无知群众”或许就是因为受到部落情感表达同质化的影响。

个人一旦成为群体的一员，他所作所为就不会再承担责任，这时每个人都会暴露出自己不受到约束的一面。群体追求和相信的从来不是什么真相和理性，而是盲从、残忍、偏执和狂热，只知道简单而极端的感情。[2]

当个人的情感结构和意识被群体绑架后，那么个体的自我存在价值和意义就是镶嵌在群内的散点。虽然我们在网络中表现出了特立独行的一面，然而其实在不知不觉中我们被逐渐坠入社群的黑洞，从而将真实自我淹没。

在本章中，我们首先从个人发展、视野和精神气质层面考察了互联网带来的好处。最近网络上比较流行的一个词语是“非触网人

---

〔1〕凯斯·桑斯坦：《网络共和国——网络社会中的民主问题》，上海出版集团，2003 年。

〔2〕古斯塔夫·勒庞：《乌合之众》，中央编译出版社，2004 年 1 月。

群”，从公众的使用情况来看，这个词语描绘了那些自我封闭、跟不上时代潮流的“信息社会的古董”。网络社会确实改变了个人的朋友范围，提升了个体社会资本，但是同时也给我们带来了部落化生活的烦恼。

互联网终将要渗透到社会各个角落，政治、经济、文化等等，作为个体的我们，如何在这个时代生存？在部落内，一切新鲜但是又那么熟悉，在这个一日千里的时代，我们应当“仰望全网，脚踏本地”，把握变与不变，只有如此，才能够具备网络时代的基本生存技能。在接下里的四、五、六章里，我们将接触到部落内的政治生态、经济环境和文化体系，从而全方位把握我们所处的现实环境。

第四章　部落化的经济形态

如果我们现在打开窗户眺望书斋之外的世界，会发现很多从未见过的商业模式纷沓而至，它们有着我们从未接触过的商业体验，有着漂亮的外包装盒个性化小众化的口号。在过去的五年时间里，以电子商务为代表的互联网经济对传统行业进行了彻底的改造，并且在各个领域快速渗透。我们可以用几个关键词来描述互联网环境下新经济形态的特征，并且这些关键词基本上是社会关系变化的注脚。首先，经济形态逐渐趋向于小众化，曾几何时，规模化经济和规模化效益是企业孜孜以求的目标，但当年的庞大商业怪物无疑在今天遇到了很大的麻烦；再者，我们观察到了越来越多的社群经济在诞生，它并非一种新型服务或者产品，而是一个新兴的社交交易平台；第三，传统的商业传播模式和体系在崩溃，新兴的商业模式在悄然兴起，裂变爆发越来越被商家所青睐，并被广告公关公司、品牌推广机构奉为圭臬。

这三个关键词分别代表了部落化关系已经影响到了经济组织，经济运营平台也随之发生了巨大变化，新型关系结构在重塑经济的传播生态，把互联网对经济的影响视野广度加大。互联网行业对经济体系有过三阶段的影响：第一个阶段是信息化初期，对传统行业进行信息化改造，极大提升了管理和工作效率；第二个阶段是依托互联网平台，经济系统和分支之间产生交叉，形成跨界效应，同时对传统行业产生了巨大的冲击，约瑟夫·熊彼特的社会经济发展理论认为：技术突破性的发展往往为既有经济体系带来“创造性的破坏”；第三个阶段则是互联网自身所衍生出独立的经济系统，弗里曼等人认为：信息技术为我们带来了全新的“经济—社会”发展范式，这种范式是全新的体系。在网络社会塑造出来的全新体系中，社会经济的各个层面出现了变化，重塑我们的社会经济形态。

本章将探讨新的人际关系连接方式改变经济形态的逻辑，然后综合性描述新生经济系统的特点，在最后一节中，笔者将新经济形态置于中国社会转型的背景下，探析新经济形态与传统经济系统之间的冲突和互融互生的过程，基于此，我们将对未来的网络社会走向进行宏观探讨。

第一节　网络社会的经济逻辑

当人们谈到互联网经济的时候，映入脑海的首先是“虚拟化”，其实则为互联网经济的一个形态而已，我们今天探讨的互联网经济已经超越了其本身。在部落化生存的时代，经济形态也必然发生根本性的变化，但这并不是否定马克思所讲的“经济基础决定上层建筑”的论断：人群结构的变动，引起了消费者聚合的机制，消费者的变动继而引发了商业营销模式的变化。那么，在人们广泛接触互联网，行为和意识受到虚拟空间的影响时候，我们必须考虑：新兴的经济到底有哪些特征，它会给我们带来何种正面或者负面的影响？

一、资源垄断向共享经济的转向

尤查·本科勒（Yochai Benkler）将工业经济和互联网经济的差

别比作“怪兽与企鹅”：怪兽凶狠且贪婪成性，企鹅可爱精巧善于合作，以Linux（它的企业标志是企鹅）为代表的互联网企业的管理运作模式完全不同于传统企业，更加注重合作和分享。他认为未来的经济将是企鹅们的天下。[1] 尤查·本科勒从人性角度出发，得出了人本性并非自私而是合作的结论。固然，从人性、人文的角度出发能够揭示社会行为者潜在的动因，然而我们认为结构化的因素对经济的转向起到的因素更具有决定性。从农业社会的简单维系到工业社会的垄断行为，最后到今天创意经济的出现，都延续了一个基本的规律：满足符合社会人群结构的稳定需求。从这个角度出发，本书将揭示这一转变过程隐含的逻辑及其实现的路径。

1. 农业社会的简单“经济权力”模型

农业社会经济追求自给自足，能够实现简单再生产的需求，商业行为受到很多因素的制约，从现实环境上看，社会贸易受到地域很大的限制，虽然历代王朝注重交通的修建，包括设立漕运管理机构等，但是这些交通设施基本是为强化中央集权服务的，即使用作商业用途，就当是社会条件而言，也无法实现大规模经济化的运输。

再者，经济行为受本土社会文化的影响很大。中国的士大夫自古以来就有“耕读传家”的生活理想，隐藏在背后的是人们对“差序格局”的本乡本土关系的一种眷恋和依赖。儒家传统思想强调“君子予以义，小人予以利”，“利”字在社会文化语境中带有几分不道德行为，追求“正义、理想”才是人生应当追求的目标，在这种社会整体性思潮影响下，商业发展的动力始终不足，不能够吸引到一流的人才加入经商的队伍，“出入相将”的士大夫路途被视为唯一人生评价标准，从这一点看，儒家对于商业文化的态度仅仅是一个中介因素，真正起到作

[1] 尤查·本科勒：《企鹅与怪兽》，简学译，浙江人民出版社，2013年。

用的还是政治力量，统治阶层通过“教化”引导社会的经济趋向“自给自足怡然自得”的简单循环。

从政治上来看，更加一目了然，政府对商业不重视甚至出台各类政策进行打压，最为严格的西汉时期，甚至规定商人可穿着服饰的范围，在这一点上，很像古印度的种姓制度对特定职业的保护和打压。中国长期以来实行的“重农抑商”政策实则是对农耕文明权力体系的保护，避免社会过度流动从而导致的人际交流扩大，本土文化的“教化权力”丧失。从春秋战国开始，重农抑商的指导思想一直延续到王朝结束，农业经济结构的基础是农民，并且是王朝统治的根基所在，过度的发展商业，有可能引导农民放弃土地从事商业活动，这样一来土地经营者就会减少，进一步来讲，商业力量有可能导致土地兼并的加剧，影响皇权统治。从社会结构的适应性角度来看，“重农抑商”的策略是有很大合理性的。

从以上三点来看，农业时期的经济完全服务于皇权统治，杜绝排斥社会流动，追求经济的“本地化供应”。不可否认，这种“关系—经济”运作体系是合理的，至少在当时起到了稳固社会结构的作用。随着技术发展带来的而生产力不断解放，以及社会日益增长的物质需求，人们不再满足于本土交换性经济，渴望更大范围的经济互动。

2. 工业化社会的垄断逻辑

工业社会的商业体系恰恰契合了大范围经济活动的需求。工业革命以后，人类的生产力爆炸式增长，对自然改造的范围也在扩大，制约农业社会商业活动的几个要素也在逐步消失：交通的大发展打破了地理空间限制，使得大规模运输大大降低成本，西方经历过启蒙运动和宗教改革后，人们的经济行为得到了鼓励。韦伯在《新教伦理与资本主义精神》一书中，详细对比阐述了这一转变过程，同时随着宗教权力的衰落，政治制度的建立，企业家的社会地位得到了极大的提升。就中国而言，有着更为复杂的因素：一是几千年王朝统治思想的惯性延续了很长时间，对于政治正统性的社会认可程度仍然超越商业；二是中国工业化进程数次被打断，又经历了数次复杂的社会思潮变化，对商业的认可并不顺利。

工业社会所追求的目标是垄断，需要在更大范围内重组社会关系和结构，马克思很早就预言了资本主义必将走向大规模垄断乃至全球性的垄断。在这一时期，技术和经济的动力对社会结构起到了决定性作用，甚至这一趋势波及全球范围：跨国公司大量崛起，伴随着技术进步和全球市场的渴求，极大推动了全球化进程。20世纪初，美国就诞生了洛克菲勒、摩根等托拉斯集团，大规模的经济生产和原子化的社会结构满足了企业利益最大化的需求，商业机构的力量占据了社会主流地位。垄断不仅仅包括对生产资源的垄断，甚至蔓延到对市场、技术、宣传等方面的垄断，进一步甚至蔓延到技术标准、政策措施、游戏规则的垄断。

以美国的传媒产业为例，20世纪40年代，美国报业产业出现了“一城一报”的现象，出现这种状况的根源就是源自于产业竞争和对垄断的需求：媒介迅速发展，使自身成为独立的产业，产业内部出现竞争合并态势，同时外部竞争因素也起到了极大推动作用，报纸的生存命脉是广告，大企业的广告主会挑选销量最佳的报纸进行广告投放，长期的竞争必然导致这种状态出现。随后，美国报业产业为了应对这一竞争趋势，出现了“报业集团”，从本质上看，其实际上就是更大范围内的垄断。

垄断型经济之所以能够存在，源于大规模市场的存在。大规模市场具有这样的特征：社会整体范围内，全体公众可以划分为几个阶层，阶层内具有相似的社会属性和消费习惯；大众媒体能够全面覆盖市场，其媒介特性与原子化社会状态相契合；中产阶层是社会消费的绝对主力，并且中产阶层具有比较统一的规律。尼古拉·埃尔潘认为：不同阶层人士的消费模式，是大众社会明显的一个特征。[1]

3. 大规模市场的消失

在后工业时代，垄断性逐渐失去了进一步大发展空间。这并不是说大型企业的核心竞争力下降，大型垄断企业的发展受到局限和诸多不确定性有以下几个原因：

第一，社会分化。大规模市场出现衰落，全体公众的需求不再是可以描述的了，并且人群的裂变正在不断加速，企业失去了可以统一规划、统一营销的对象，他们分散在各个平台，多个"部落"，这对于大众媒体而言是一个"灾难"，传统的受众定位理论在失效，细分受众对于大众媒体来说是"不经济"的行为。

第二，人们已经厌倦了大型商业机构千篇一律的宣传和大众化产品，人们的需求品质在上升，越来越注重追求个性化和新奇潮流。尼古拉·埃尔潘指出了一个值得关注的现象："当最低社会阶层也有能力购买私人汽车和各种家用电器的时候，消费社会丧失了吸引力，尤其是在年轻一代面前，年轻一代对物质生活的向往逐渐被热爱自然、崇尚和谐的人际关系以及热衷于各种社会交往活动所取代。"[2]作者把新兴的消费者称之为"不忠诚的后代"。与之相呼应的是：克里斯·安德森的《长尾理论》已经成为CEO们的必读书目，他指出：传统市场符合20/80的分布，传统竞争也是在争夺80%的热销市场份额，但是应该逐渐关注小量、非畅销领域的聚合后的份额。可以说，克里斯·安德森从操作技巧层面揭示了大规模市场已经消失的现实。

第三，中产阶级在衰落，社会结构走向了新的形态。日本学者大

〔1〕尼古拉·埃尔潘：《消费社会学》，孙沛东译，社会科学文献出版社，2005年。
〔2〕同上书。

前言一在其《M型社会》一书中，深刻揭示了中产阶级逐渐衰落的现象，社会结构从橄榄型走向了M型，其势必会触及商业模式发生变化。但是在这一方面，中国与西方明显不同：中国的中产阶级兴起和"不忠诚的后代"出现几乎是同时，也就是说将来我们可以预见存在两个市场交织的现象：大众化的垄断市场和创意性的市场并存格局，并且这两个格局之间关联度较小，目标受众不同，商业主体不同。

4. 创意经济本质：小众经济

大规模市场的消失，意味着传统工业失去了进一步大发展的空间，新型创意经济的概念流行起来。但是对于创意经济的理解并不统一：政府层面理解的是创意经济是区别于传统商业门类的产业，业界的理解是技术革新、产品个性、模式革新。学术界对这一概念也无统一标准，在中国学术语境下，往往与文化产业混为一谈。本书认为，文化产业与创意产业本质上是两个层面的事物，但二者区别被近十年来各省市大规模实施文化产业发展战略的"潮流"所掩盖。

1997年，亚洲金融危机波及到了英国，布莱尔就任首相后，明确提出把文化创意产业作为振兴经济的重要出发点，政府专门成立了"创意产业特别工作组"(The Creative Industries Task Force)，约翰·霍金斯为英国规划了文化产业的体系，中国、韩国完全照搬了这种模式。特别是韩国，在全球范围内实施国家文化产业输出，中国的做法可能更加极端：文化产业与房地产业结成了一对"孽缘"。英国创意产业特别工作组在《创意产业专题报告》(Creative Industries Mapping Document)中将创意产业定为"源自个人创意，技巧以及才华，通过知识产权的开发和运用，具有创造财富和就业潜力的行业。"从该定义和实际运行的情况来看，文化产业的本质内涵并未惠及大众，生产主体是仍然是文化精英，本质上是精英垄断控制的经济，是工业生产在文化领域的映射和延伸。

直到互联网普及到全体公众后，创意产业才真正展露出来真实的雏形：互联网形态下的经济，特别是社交性的产品很多带有“维基经济”的色彩，受众的参与和“一致采纳”是经济的命脉，例如传真机、手机、社交网络、O2O项目等，越多人参与才能凸显其价值。同时，开放性平台催生了民间创意力量，文本的生产从精英转向了草根阶层，这一巨大转变，是区别于文化产业和创意产业的根本。因此，促使经济从追求垄断走向创意型经济的动力不在于媒介的普及、技术的发展，主要有两点要素催生了创意经济的发展：一是人群分化，二是开放平台的诞生。在这两个因素的刺激下，依托互联网平台的创意经济应运而生，大大激活了普通大众的参与经济活动的能量。

就以上所述：创意经济的本质并非是追求新奇新鲜，新技术新模式，更本质的核心是“小众化”产品，符合小众需求的产品。我们以往的产品是大众化的，小众化产品通常被定位为“奢侈品牌”，但奢侈品的消费人群在逐渐下沉，众多奢侈品也逐渐走下神坛深入民间。

近年来，中国品牌市场一直在推崇一个词语：“轻奢主义”，即轻度奢华。自从其诞生后，“轻奢风”刮遍了整个互联网，轻奢产品面向的人群是白领、学生等，而不是传统的经济、政治所谓上层人士。这一小的侧面无疑是“小众化”、人群分化的最佳注解，大规模市场消失后，消费人群嵌入了个性化的“部落”。

二、消费人群的部落化

如上文所述：在工业社会，市场目标人群可以用“大的板块”来描述，大规模媒介宣传也针对的是“全市场受众”，但目前这种“全受众”状态消失了。人际关系部落化的社会，消费也逐渐呈现出部落特质：群内的分享，共同消费行为聚集形成部落，统一部落形成消费行为。麻省理工学院经济学教授丹·艾瑞形象的描述了这一现象：

在狩猎社会，你杀死一只动物后，通常会将其皮毛穿在身上进行展示。后来我们用昂贵的汽车和服饰来向别人展示自己。现在有了诸如脸书网和推特网这样的地方提供新式平台，让我们与喜欢的人进行沟通展示。并且经过一段时间之后，一种共同语言逐步形成，帮助我们定义什么有价值，什么没价值。[1]

丹・艾瑞所指的"共同语言"实则是形成部落化消费的前提。以中国当前社群经济运营的典范——逻辑思维为例，其每日所发布的语音，实则是在整合社群中人们的共享信息，从而逐渐成为相似的消费模式和准则。比如在其公共平台上经常出现的"逼格"、"尖叫"等词汇，逐步渗透为会员购买产品的不二铁律。

1. 亚文化与部落消费

我们可以用一个抽象的词语来描述维系部落存在重要因素："亚文化"，在实际运行中，"亚文化"从来不是抽象的，而是具体的规则和行为准则。中国人更愿意用"圈子"来描绘自己嵌入的社群，这个圈子可以是线上的，也可以是线下的。从大的方向来看，目前在虚拟世界中有屌丝文化、恶搞文化、弹幕文化、嘻哈文化、二次元文化、宅文化等等，这些大的"亚文化群"仅仅是可数的"主流"，就单个社群而言，其文化特质更加细腻、个性。

同时应该注意到，网络亚文化和网络流行文化之间存在着一个孕育转化的关系：在某个社群中熟知的文化特质，会经过复杂的传

---

〔1〕转引自《小众行为学》，詹姆斯・哈金著，张家卫译，北京时代华文书局，2015 年，第 78 页。在该书中，作者引用詹姆斯教授此段话旨在阐述：在互联网社会，人们展示自我的经济驱动力发生了很重要的转变，历史总共经历了三个阶段：第一是农业社会的圈层内认知认同，第二个阶段是工业社会的炫耀性消费，第三个阶段是社群内的分享与交流。

播路径，最终会变成网络的主流文化，广泛被人知晓。从代际角度来看，出现了90后向前代人文化逆流的现象。年轻的一代人经常在网络上制造出来一系列潮流话语，在被广泛使用后变成了主流词汇。这些内容包括语言、图片甚至表情包，语言上多采用新奇、简略、组合等手段进行再创造。例如“斑竹”、“楼上”、“楼下”是论坛时代的产物，它们形象地代称了互动对象。再比如“给力”、“靠谱”、“小强”均为网民创造出来的形容词汇代称。社交媒体出现后，网络用语更加丰富多样，在文化创造的背后，实则为大家对群体内文化氛围的认同，同时作为维系身份感的纽带。那么，这些部落化的亚文化到底和消费行为之间存在着什么样的关系？要回答这个问题，我们首先需要明确“身份认同”与行为之间的关系：个体在消费过程中，能够产生自我身份的认同，同样，身份的认同会影响消费的行为，包括购买产品的类型、何时购买等等。

安东尼·吉登斯认为身份认同与个体的行为模式紧密相连：“一种社会定位需要在某个社会关系网中指定一个人的确切‘身份’。不管怎样，这一身份成了某种‘类别’，伴有一系列特定规范约束；吉登斯同时认为：某种社会身份，它同时蕴含一系列特定的（无论范围多么广泛）特权与责任，被赋予该身份的行动者（或该任务的‘在任者’）会充分利用或执行这些东西；他们构成了与此位置相连的角色规定。”〔1〕根据吉登斯的理论，我们可以归纳出：部落文化在很大层面上赋予了成员身份认同感，并且通过社群文化对个人的行为模式进行了规定，在这样的规定下，个体的行为符合部落化文化的需求。根本上说，部落化的文化在某种意义上代表了成员的行为范围和规

〔1〕安东尼·吉登斯：《现代性与自我认同》，赵旭东、方文译，王铭铭校，三联书店，1998：161—162。吉登斯所指的身份认同，更多是放在社会网络中的自我感知，与社群关系相连的是：个体必须能够在社群中找到归属感，才能够进一步体验到身份认同。

律。因此我们可以讲：部落亚文化与个体消费行为之间存在着密切联系，也许对于商家来讲，以亚文化的类型及其延伸出来的行为模式为线索，通过群体画像办法去研究虚拟空间的营销策略，或许是一条捷径。

2. 部落行动力：帝吧出征案例

2016 年 1 月 20 日，百度最大的贴吧"李毅吧"宣布开展"FB 圣战"，组织"帝吧观光团"刷屏三立新闻、苹果日报等台独媒体的脸书粉丝页，开展"文化交流活动"。此次活动的起因是由于台湾三立新闻、苹果日报等媒体频频发表蔡英文的台独言论，引起了大陆网友的极大愤慨。帝吧出征团队的口号是"帝吧出征，寸草不生"，从晚上 7 点开始，集体翻墙涌入三立新闻、苹果日报等台湾媒体 FB 中，多家网络直播平台直播帝吧出征战况，蔡英文与何韵诗等人的 FB 直接被刷爆。最后以三立、蔡英文等删博结束。在此次行动中，表情包作为主要的表达武器发挥了其独有的刷屏优势，在短时间内引发了网络狂潮。李毅吧于 2004 年建立，截至 2016 年 2 月，帝吧粉丝数已达到 2119 万，帖子数超过 8 亿 5 千万。无论从人数规模来看，还是帖子数量都是惊人的数字，甚至超过了小国家的总人口。李毅吧是一个比较成熟的大部落，它拥有语音、文字图片小编数十人，小吧主也超过了 10 位。这个"部落"组织严密，有自己的规章制度，并在十多年的运营中，形成了自己独有的文化氛围，并且具备了创造文化的能力。"屌丝"流行用语最早就是起源于李毅吧。

在此次事件中，充分体现了虚拟部落的行动能力：在短时间内聚集大量人员，有统一的行动规划，同时虽然都是年轻人，但是并没有表现出来暴力冷血的狂热情绪，相反，李毅吧的成员表现出来较为理性的一面：用美食图片、美景图片建立两岸的情感纽带，并且在微博上@中央媒体，甚至《人民日报》也发文表示支持。与 2008 年抵制家乐福事件的狂热相比，中国网民在过去的8年间，组建部落和管理部落的能力明显增强。不仅如此，李毅吧还拥有较强的自我纠正自我管理能力，根据百度知道词条介绍：

> 2012年3月2日，一名ID为“红颜毅玩笑”的吧友发布呼吁帖，声泪俱下地恳求吧主救救曾经的百度卢浮宫。得到众多吧友支持，随后大吧主彩色哥发表置顶帖，警告新来的会员自重，并强调要“铁血治水”，支持声不计其数，随即开始为期一周的“肃清水帖”活动。[1]

此次事件在网络上引起的震动很强烈，网民通过具有行为艺术色彩、稍许的娱乐性质的行为，探索了新的行为参与途径，同时也是虚拟社区在进行网络动员、实际行动中一次绝佳的案例。如果说在论坛时代虚拟部落的互动仅仅限于“坐而论道”交流，那么社交媒体出现后，与传统社区的交织，构成了强大的社会动员能力。此事件折射出来：拥有即时通讯、社交媒体工具的虚拟部落，能够跨越小圈层的限制，在全网领域最大化传播自身的诉求。具体到经济而言，部落的强大动员能力有可能成为营销的利器，也有可能成为毁灭的武器。在2008年网络发起的抵制家乐福事件中，家乐福遭受了巨大经济损失。可以说，现在任何一家公司，都不可无视部落群体的诉求。

以上案例均具有网络集体行为，其实格兰诺维特很早就在《集体行为的门槛模型》(Threshold Models of Collective Behavior)中强调：消费是一种特殊类型的集体行为，刚开始参与者很少，初始参与者会起到示范作用，越来越多的人会参与进来。这是第一个阶段，到

〔1〕引自百度知道“李毅吧”词条资料。

了第二个阶段，当绝大部分人都加入的时候，没有加入的个体就会感受到群体压力从而也加入进来。格兰诺维特称这个过程谓“门槛效果”。实际上，facebook在推广过程中，就采用了类似的群体性策略：首先在哈佛大学的本科生中广泛推广，当在某一个小群体内产生饱和的时候，它会产生一个自传播机制，参与人群不断增多，就如滚雪球一般人群规模越来越大，直到全社会的使用饱和。

那么，在什么情况下会达到自传播呢？很多行为学家、社会学家、复杂网络专家一直试图给出精准的数字，这个问题放在本节问题上，其实给我们展示了一个十分诱人的研究领域：一少部分人如何引领一个群体，一个小群体如何撬动大群体，大群体如何将公众大规模卷入？这本质上是社群营销应解决的核心问题。

3. 部落行动力：凡客体走红

“凡客体”借助于社交网站的兴起，成功掀起网民的恶搞文化。在当时这个轰动一时的案例实属经典。事件起源2010年7月，凡客诚品邀请作家韩寒、演员王珞丹出任凡客诚品(VANCL)的形象代言人。以自我表达和极富个性的口吻创作了两则平面广告投放市场。

通过这种个性鲜明的文案形式，立刻被广大网友所围观，并在新浪微博、豆瓣网、开心网等SNS网站上掀起了山寨狂潮，以“……不爱……　爱……不爱……是……不是……我是……”为基本叙述模板的“凡客体”，获得了网友们的喜爱。“凡客体”在社交媒体上同时掀起了模仿和恶搞热潮，各路名人无一幸免，郭德纲、小沈阳、凤姐、陈冠希等名人。几乎成为了被调侃的对象。改图活动从对郭德纲的恶搞开始便一路走红。据不完全统计，仅仅一个月的时间，从7月底到8月初，就有三千多张“凡客体”图片被网友疯狂转载。由于事件过于火爆，甚至被百度百科作为专有词汇收录，定义为：凡客广告文案宣传的

（网民针对凡客体进行的恶搞创作）

文体，该广告意在戏谑主流文化、彰显该品牌的个性形象。

事实上，除了凡客在首轮传播中，在地铁公交站牌上推送的韩寒和王珞丹的广告词外，真正让“凡客体”走红的是豆瓣网上“文字积木公社”发起的“全民调戏凡客”的活动，并且通过豆瓣的同城活动板块，使之形成了初步的的传播平台。让所有的网友都可以充分发挥自己的创意对图片进行修改。

> “凡客体”精心打造了一整套与自身产品相关的生活方式、价值观念与审美趣味，成功地再现了当下普通年轻消费者典型的精神与心态，尤其值得注意的是“凡客体”在自我表达与认同上的两面性，如爱……不爱……是……不是……别看年轻人利用“凡客体”极尽恶搞，却流露出一种青春的迷惘。“凡客体”中的“我没什么特别，我很特别”等表述，其实是他们在日常生活中充满矛盾和困惑的真实生存写照。[1]

我们可以看到，在凡客体文化营造中，充分显示出亚文化与部落消费对网络事件带来的强大影响力。首先，豆瓣网“文字积木公社”小组自我标榜“豆瓣异端分子”，部落成员大多具有一定的文字撰稿能力及对文字的敏锐观察能力。由韩寒代言的画面加上诗歌一样的语法形式与大众化的内容，形成了网络事件性传播的基本必要条件。互联网作为娱乐和获取信息的平台，活跃的主要是聚群的消费个体。而部落群体在事件的发展中，扮演的是推动者和组织者的角色，加上部落内成员的群策群力，并在传播手段上采取了广泛的多样性方式，利用网友对恶搞文化关注点，让一次心血来潮的改图活动，不经意间

[1] 2010年9月20日光明日报：《“凡客体”：调侃式病毒营销蔓延背后》。

成功引爆整个互联网。

三、平台：整合多方的力量

当前经济圈的热门话题“互联网＋”，尽管媒体已经将其炒作成为了日常用语，但是对于很多企业来说是一个模糊的概念，有些企业或者利用网络平台增大业务量，或者将商业环节嫁接到网络中，但是无论传统商业如何＋，都取代不了互联网本身自由的核心优势“平台的力量”。互联网的平台不是简简单单的商业单位的聚合和交流，更多的是对产业生态的改变。目前，百度、阿里巴巴、腾讯被称为BAT级的巨无霸平台，但是除了这三家以外，网络上还有许多大大小小的平台，他们共同以开放、共享的力量重新整合传统商业模式，这才是网络平台最具新竞争力之处。

1. 经济模式的区分

互联网体系的经济形态多种多样，从运营模式和商业逻辑来区分，我们可以将其分为三大类别：

> 服务层次：围绕网络需求，开展广告、营销、内容生产等工作的商业模式，当前比较有代表性的有自媒体运营、电商网店代运营、第三方技术开发、营销推广、媒体布局等等。这些商业模式是互联网经济成熟后催生的新需求，但是这种商业模式有严重的依赖问题，更多的是强调个体能力、人力资本在这种商业模式中是核心资源。
>
> 产品层次：根据需求，开展相关虚拟产品的研发，比如依赖大型平台API接口的第三方开放公司，网络游戏，APP研发运营，设计工具、修图工具、浏览器和杀毒软件等等。产品层次的商业门槛比服务层次要高很多，除了拥有强大的团队外，还需要

资金的支撑。在这类商业模式中，就目前而言，资本的力量占据了主导。

平台层次：类似于BAT级别的网络平台，这类商业模式是互联网产业链的顶端，他们拥有强大的资源聚合能力，能够打造闭环的商业生态圈，并且对相关产业能够发挥较大的影响力，这类商业模式"可遇不可求"，通常不具备可复制性。这类商业模式除了人和资本的要素外，强大的社会资本是不可或缺的。

以上三类商业模式并非严格限定的，在社交媒体时代和社群大发展时代，服务层次的公司和产品层次的公司有向平台类型转变的趋势。以打车软件为例：滴滴打车原来是一款软件，属于产品层次，但是经过大规模的商业改造后，聚集了大批打车用户及车主，具备了建立平台的条件。我们可以将此类产品称之为"具有平台属性的产品"，它们往往会对特定行业产生颠覆性的影响。从大的层次来看，网络经济有自己的生态链条，但是"平台"是如何站到商业食物链的塔尖的呢？这就与平台自身的聚合能力密不可分。

2. 平台的聚合模式

从经济关系角度来看，网络经济中核心是平台。不仅仅是各种类型的电子商务平台，社交平台、即时通讯平台、游戏平台的汇集多方的能力日益凸显。传统的行业逐渐沦为平台方的附庸，这是网络经济的一个新兴垄断点：平台会成长会经济体中的巨无霸，拥有强大的话语权，并能够自主制定游戏规则。

以电子商务为例：淘宝、天猫两大平台，汇集了企业卖家，个人卖家，买家，物流公司，第三方应用开发团队，刷单公司，为商家提供拍摄照片、设计、文案等服务的公司，推广运营公司等等，强大的平台力量汇集成了一个完整闭环的商业生态圈。在这个生态群内，平台

才是核心，是游戏规则的制定者，游戏规则的每一次调整都是为了平

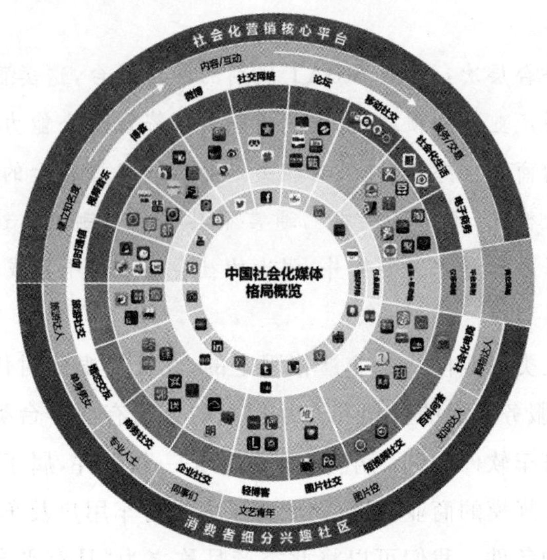

(图为中国社会化媒体格局概览[1])

台更好地盈利，其他各方成为了附庸于平台生存的下游链条中的一环。2013年起，各类O2O平台喷薄而出，到目前来看，其虽然有泡沫成分，但仍然在悄然改变人们的日常生活，特别是对传统的服务型公司产生了巨大的冲击。平台的核心竞争力在于能够减少分散经济带来的叠加成本，对产业生态圈进行再组合改造，减少中间环节信息不对称带来的成本，一方面惠及用户，另外一方面能够优胜劣汰，优化行业水平。但其后果并不一定是理想的，并不一定能够导致公平竞争的市场环境。可以预见的是，中小型企业由于在开放平台的竞争

〔1〕图片引用自CIC新媒体研究机构，http://www.ciccorporate.com/index.php?option=com_content&view=article&id=1204%3Acic-2014-china-social-media-landscape-where-to-play-a-how-to-play&catid=99%3Aarchives-2014&Itemid=208&lang=zh。

中处于不利地位，大型知名企业有可能通过开放平台形成马太效应，赢家通吃，最终导致中小企业退出市场，从而导致更大范围的垄断现象出现。这种担心并非臆断。

相较于虚拟部落而言，平台更像一片星云：星云是星系的加工厂。在星云中，星系会组合、分裂、重组。平台提供了部落交流聚合的场地，在这个场地中，聚集的部落爆发出其强大的经济行动力。目前，在移动互联网平台，出现了"微商盟"的商业模式：聚合用户高度重合、品牌调性一致的商家，进行集体的营销推广，并且不断沉淀共有的用户，这些做法其实是在平台中对分散的部落进行重新聚合，使之具备规模化的经济效益。在平台聚合能量下，部落和部落之间不再是封闭的，能够被平台力量重新整合并被挖掘出商业潜在价值。

四、组织结构扁平化

卓别林在电影《摩登时代》中塑造了一个在流水线旁麻木、无意识工作的人，讽刺了工业化社会管理对人的摧残，大工业时代的管理模式追求集成化管控，对生产环节的层层监管。20 世纪初弗雷德里克・泰勒(Frederick Taylor)在其经典的著作《科学管理原理》一书中，提出了对每个人每个动作都要进行监测，确保效率的最大化，福特公司将这一理论迅速实施，运用到生产领域中。韦伯也对当时的社会组织结构提出了"科层制"的概念，并且预测未来科层制将在更大范围、更大规模上实施运用。将近一个世纪过去了，工业化大生产时期总结、成熟、发展的管理方法仍然在中国起着重大作用：指令、纪律、监督、绩效等一系列工作要素共同组成了严密的管理体系。这种管理的出发点是基于经典经济学"理性人"的假设：人人是自私的并且追求个人利益最大化，人性需要监管。这种思维起点在网络社会则不适用，网络社会的部落化生存更需要的是开放和共享，人类社会结构的变化必然导致整体社会管理模式的改变。

以谷歌为代表的一批互联网公司出现后，管理学的视野中出现了新的可能性。那种以往以监督执行的模式不能够保证创新性的经济顺利运转，相反，个人的自主性和开放共享的平台更容易获得成功。

> 韩都衣舍是中国著名的互联网网商品牌，经营时尚潮流服装业务。其作为具有互联网基因的公司，管理架构是将全公司员工转化为“小组制”管理模式，保留基础服务部门。在自己的小组内，有充分的自主权进行研发、营销等全线业务，如果小组业务发展良好，则会吸引更优秀人加入，如果业绩欠佳，则自然解散。这种管理模式使得韩都衣舍成为互联网服装行业知名品牌。

韩都衣舍的成功案例，揭示了互联网经济环境下，人们需要共享合作，而非单纯的接受指令完成计划并实施过程监督。尤查·本科勒认为：在国家和市场的能力之外，还存在着一种第三种能量，他称之为“共同对等生产”(commons-based peer production)，这种共同对等生产恰恰能够很好的描述韩都衣舍的成功所在：当传统组织结构不能够适应新经济形态的时候，开源共享的精神就成为了管理的精髓，不断促使商业组织的扁平化，不是放弃管理，而是激活了组织内创新的密码。在这方面，戴尔案例值得借鉴。

在美国，随着PC市场的竞争越来越白热化，戴尔公司依靠扁平化的企业运行结构，异军突起。一度成为全球市场占有率13.7%，收入规模位居世界第一，出货量位居世界第二，年收入超过611亿美元的计算机网络直销公司。

戴尔的成功，很大一部分原因是得益于扁平化的组织管理模式，公司组织层次结构只有四个，总裁、各级事业部门、执行部门、基层员工。

重要客户部　大客户部　小企业及家　SP TBH 部门

戴尔组织结构图

在公司结构上，总裁下设四个事业部，其中大客户部、重要客户部、小型企业及家庭用户部，三个都是围绕客户类型来设置，戴尔对客户关系结构及客户类型“部落化”的调整分类，使自己的产品能够满足不同客户的个性化需求，这种积极的扁平化结构调整理念，表现出与竞争对手明显的差异化优势，使得戴尔迅速地脱颖而出，成为行业中的佼佼者。

戴尔的这种以客户为中心的扁平化管理结构，砍掉了中间层的组织和管理人员，其职能由销售人员代替。这种区别于传统组织自上而下的多层次管理结构，建立起来了一种紧凑的横向组织，使得客户与企业之间，企业组织内部人与人之间的沟通效率明显提升。组织变得更加灵活、敏捷，富有个性化与创造性。“戴尔模式”一直将“低成本，高效率”看作是自己的核心及生存法则，而力求精简则是提高效率的必要途径，为了提高效率，戴尔甚至在简化流程方面申请了高达 550 项专利技术。其自动生产线全天候运转，一旦接到订单后，配件从生产线的一端送进来，不到 2 小时就变成成品从另一端出去，然后直接运往客户服务中心配送给客户。无论是戴尔还是韩都衣舍，都展示了结构扁平化经济体的创造力。

上述这四点特征，恰恰是互联网经济的最为核心之处。无论是组织结构的变化，还是市场的变化，它们都遵循了一个逻辑脉络：人际关系结构的变化，对经济模式产生了巨大影响，原先传统的结构消失了，模式失灵了，在“部落化”生存时代，无论是消费者还是商家，都在不知不觉中进行集体转向：从传统的管控和整齐划一走向自主和个性化，从对资源的垄断到开放的合作。从表面上来看，这都是社会的巨大进步，或者说我们进入了经济模式新旧交替的历史阶段。在这个历史交叉口，“社群经济”无疑是新时代的先声，在商家喧哗的时代我们有必要从学理的角度对其进行剖析预测。

第二节 社群经济：部落化集市

中国古代的集市在经济交换中起到了重要的作用，甚至乡镇、城市的形成也和集市有着密不可分的关系。在虚拟空间，社群经济有些类似于传统的集市，我们可以将其看作是人类发展的一个前进式回归。“社群经济”从无到有，再到发展兴盛，与技术的革新和人群聚集模式的改变密切相关。财经作家吴晓波认为：

> 在商业上，社群的意义有三条。其一，社群能够让消费者从“高速公路”上跑下来，形成真实的闭环互动关系，重新夺取信息和利益分配的能力；其二，社群让互动和交易的成本大幅降低，从而令优质内容的溢价得以实现，而消费者的支付也得以下降；其三，社群能够内生出独特的共享内容，彻底改变内容者与消费者之间的单向关系，出现凯文·凯利所谓的“产销者”。[1]

诚然，社群经济的出现改变了消费关系，社群内的成员需求成为主导，从而倒逼商家进行个性化改造。艾瑞克·奎尔曼 2010 年出版的《社群新经济时代》一书认为：社群将彻底颠覆商业模式和消费者

〔1〕吴晓波此段论述是 2016 年 2 月 16 日发表于其微信公号的文章《我所理解的社群经济》。

的行为，促使经济发生转变，在这个转变的过程中，将会对商业、品牌等传统领域产生深远的影响。

一、从粉丝经济到社群经济

2014 年，随着“逻辑思维”公共账号声名鹊起，互联网行业掀起了一股“粉丝—社群”经济模式讨论的热潮。自从英国学者霍华德·莱茵戈德（Howard Rheingold）于 1993 年提出虚拟社群（virtual communities）概念之后，学界相关研究成果与日剧增，真正到虚拟社群应用至业界的时候，是在社交媒体普及之后。但截至目前，国内并没有出现“社群经济”的完整体系，概念的使用多于实际应用，目前粉丝经济却如日中天，其强劲的发展势头掩盖了对其是不是“社群经济”的本质思考。我们认为：社群经济与粉丝经济有着根本上的区别，目前粉丝经济是社群经济的初级表现阶段。

1. 粉丝经济的勃兴

粉丝现象由来已久，对明星、名人的追崇是共通的人性，但是我们不能简单将粉丝就定义为传统的影迷歌迷及追星一族，虽然互联网时代的粉丝经济更多依靠的是“迷文化”，与传统的“迷”有相同的心理机制，但是其真正核心力在于粉丝的聚合，由 fan 向 fans 的过渡。这个过程经历了几个媒介平台的转换。2005 年，各种类型的电视台选秀节目在青少年中营造了热烈轰动的粉丝文化。2007 年 6 月，国家广电总局发布《2007 中国广播电影电视发展报告》，报告认为 2006 年仅上海东方卫视的四档真人秀节目各环节价值超过 38 亿，对社会总贡献达到 76.89 亿。随着电视节目的火爆，“粉丝团”这一极具社群属性的事物应运而生。

同一时期，博客平台的热度达到了顶点，以徐静蕾为代表的众多明星利用博客聚集自己的粉丝，一时间形成了“全民皆粉丝”的盛况。

但在当时技术条件下，粉丝并不能很顺畅地聚合，直到社交媒体出现，粉丝拥有了聚集平台和便利的沟通工具，粉丝经济的效应初步显现出来。最早实践粉丝经济的是音乐领域，粉丝通过购买门票、彩铃下载、点歌等行为，使艺人能够获取粉丝的红利，这种模式到现在还在延续，然而随着平台不断丰富，粉丝经济也走向了深水区。2012年是微博最为兴盛的一年，众多明星开通微博账号与粉丝互动，在虚拟空间中将自己的影响力发挥到了极致，商家也清晰地看到了微博营销的商业价值，在当年催生了大量微博运营、营销公司、明星资源中介公司。2014年，众多以行业精英领袖为代表的品牌喷薄而出，小时代电影、雕爷牛腩、罗振宇月饼、罗永浩的锤子手机等等粉墨登场，无一例外地是利用自身影响力吸引大量粉丝购买，形成轰动效应。2015年，网红经济迅速崛起，大量的直播平台出现，开始了大规模的"网红制造"，网红通过聊天、表演、游戏直播等形式，赚取大量眼球，并且引导粉丝消费虚拟产品，从而获得利润。在这轮博取"眼球"的大战中，papi酱是典型的代表：2015年10月，papi酱开始在网上上传原创短视频并迅速走红，吸引了百万级的粉丝。2016年3月，papi酱获得真格基金、罗辑思维、光源资本和星图资本共计1200万人民币融资，估值1.2亿人民币左右，被称为"2016年第一网红"。网红经济可以被看作是粉丝经济的典型代表，与之前粉丝不同的是：网红不一定是先有名气的明星，这激发了公众成为明星的渴望。现在，我们可以看到粉丝经济无处不在，形式也越来越多样化。

但是粉丝经济并不是互联网发展的主流方向：从理论上讲，互联网是去中心化，催生扁平组织，但粉丝经济是明显的强中心节点的组织模式，另外从实践上来看，由于膜拜心理机制的存在，粉丝经济可能在很长时间内存在并发展。但随着社群的不断成熟，粉丝经济终将失去主流地位，让位于社群经济。

2. 粉丝经济与社群经济的区别

业界将粉丝经济与社群经济混为一谈，一是在经济利益驱动下需要漂亮概念进行包装，同时也与互联网发展的阶段存在关系。在社交媒体出现之前，社群的形态较为单薄不成体系，就像散居在一座大山上的一间间房屋一样，彼此很少往来，比如论坛社区，百度贴吧等，用户和用户不能够通畅地交流。克莱舍基在《无组织的组织力量》中提出：高效率的协同工具是建立社群的必要工具。新兴社交媒体的出现，使得交流沟通更加便利且及时，这就为建立社群提供了必要的条件。在技术基础不完全的情况下，明星对粉丝的单向传播是主导，在粉丝对明星的在群体膜拜的过程中产生群体情绪，粉丝经济的逻辑就是利用对个体的膜拜情绪刺激受众产生消费。最早在六间房直播秀场，聚集了大批音乐明星，积累了大量的音乐迷和明星迷，通过粉丝们的“情绪付费”获取利益。从网络结构上来看：粉丝经济具有高度的中心势，有一个突出的明星节点，粉丝围绕在其周围，关系网络是辐射状，粉丝与粉丝之间并无沟通。在写作本书的过程中，作者曾经通过可视化工具抓取了明星节点的传播网络图，基本上是单向模式。但是社群有明确的成员关系，成员之间有相互交往，网络密度高，中心势相对较低。因此，二者在组织结构上有着本质的差异。除了结构上的差异外，社群有一定的文化规范和行为准则，同时有一定的分工协作，有一致的行动能力。在这一点上，是粉丝经济所不能比拟的。总结来看：社群必然是一个去中心化的组织，这也是未来社会发展的大趋势，驱动去中心化组织产生商业行为的因素并非膜拜情绪，而是对组织内的规则认同、情感认同，群内成员对群的归属感，从而形成统一化的消费模式。从这个角度来看，社群经济与粉丝经济的区分一目了然：前者是在建立一个归属性的公共领域，后者是在积累个体影响力，从而将更多人卷入。

我们今天看到大多数号称社群经济的机构，其实运作逻辑基本上还是处于粉丝经济的范畴。本书做这样的区分并非要贬低粉丝经济的合理性，而是社会阶段的发展并不是一直停留在对个体的膜拜，也就是说粉丝经济是社群经济的初级阶段，但不能够完全代表社群经济形态。

3. 社群经济的形态

就目前业界呈现的经济形态而言，我们可以将社群经济的形态归纳为三类：

第一类：以明星和意见领袖为中心节点的粉丝经济，这种经济形态目前最为流行，特别是以网红直播为典型性代表。（在这里，我们将其看作是向社区内经济的过渡形态）除了网红经济外，内容生产型的订阅经济模式也十分流行，比如逻辑思维、吴晓波频道等等。这一类模式利用创始人自身的影响力为所生产的内容增信，扩大影响力，我们可以将其看作是“影响力经济”在互联网上的投射。在这一大类中，业界的认识一直很模糊，明星们也力图在营造社区的感觉，增强粉丝的归属感，努力向真正的社群靠拢，但是就目前现状而言情况并不乐观。实际上，社群的建立和创始人是否有名气并无关系，根本在于社群运营过程中，是否能够建立起来一整套凝聚机制。从商业层面来看，商家一直在过度追求数量，而非质量，当平台所聚集的人数达到一定数量的时候，因为存在信息不对等的情况，反倒不容易形成社群，这个时候就需要引入相应的“分组”与“凝聚”机制：促使数量规模庞大的人群能够形成自组织，通过主平台沟通交流，化整为零，形成分散化的小部落，才能不断保持社群的活力。

第二类：以 C2B 为主导模式的经济形态，群内用户先提出需求，生产商再进行生产，现在典型的代表为众筹经济和众包经济两类，与之相联系的一个概念是“定制”，这个概念本身就有私属的性质，但是融入社群模式之后,变成了具有"共享"特性的机制。在传统电子商务平台上,一般模式无非个人对个人(C2C),企业对个人(B2C),企业对企业(B2B)三种形态,而C2B模式是一种逆向操作:先有需求,再有产品。定制化经济也是这样的逻辑,私人化的定制在规模效益上是不经济的,由于在虚拟空间容易形成"定制化"的规模化,因此这种经济形态将来会越来越受欢迎。目前,商家在微信朋友圈进行了广泛的探索:利用微页面汇聚产品,精准定向推送到目标客户群的朋友圈,在同质化较高的朋友圈内容易产生定制化的消费,特别是在互联网旅游领域,这种趋势越来越明显。

第三类:以知识分享为主要类型的虚拟经济。这类经济具有典型的互联网特质,并且代表着将来一个主流发展方向,这方面的典范是豆瓣和知乎。知识分享型的社群以用户生产内容为主要机制(UGC),以文本为纽带,建立起兴趣关系网络,这一类社群的目标受众素质较高,拥有良好的教育背景和求知欲望,经济条件相对较好,消费能力强,是具有较高价值的社群平台。除了具有较高的经济潜力外,此类社群还能够给成员,特别是积极分享知识的成员带来较高的社会资本收益。高分享度的成员能够获取更多的关注度,并且在互动中建立起个人化的知识分享网络,这对于成员来讲具有重大的社会意义。

我们不排除在未来还会有新的社群经济形态出现,社群的类型与人们的需求密切相关。物以类聚,人以群分,社群建立的前提是在某一个点上,群内成员有高度的相似性,这个点可以是兴趣爱好,也可以是拥有共同的价值观,有一致的目标性。人们交往层次越丰富,对于各类需求的归属感要求越强烈,因此我们可以预见的是:粉丝经济的规模和比例将会逐渐下降,但是它仍然会存在且保持着一定数量,同时社群经济必然出现爆发式的增长,这是新型经济模式的必然要求。

二、个人与群体需求的双面性

大规模市场的消失和个性化需求的崛起，并不意味着社会消费进入了一个无限碎片化的时期，只不过是原来整体性市场出现了分裂，裂变成为无数个小的细分需求。但是客户可以通过虚拟社群进行重新聚合，这种聚合起来的需求又与原来个人化的需求有所不同，这就是个人和社群需求之间存在的双重影响作用。一个追求新奇潮流的青年，可能在加入某个社群后会模仿群内成员的消费行为，有可能从原来的红头发染成紫色的头发，也有可能随着群内朋友在晒出自己新手机而产生购买冲动。在群内不断互动的过程中，人们不知不觉已经卷入了一个模仿化的购买行为，随着强度增减，群内行为特征越来越趋同。

1. 小群体需求的增长

路易斯威登（俗称 LV）20 年来在中国市场的遭遇能够给我们很多启发：路易斯威登于 1992 年进入中国，作为国际一线奢侈品牌，很快吸引了国人的目光，但随着仿造品牌的不断出现，大街小巷处处可见其产品，网络上同时兴起了对路易斯威登的调侃，其在网络上的品牌形象大打折扣，频频被网友贴上"土豪"、"俗气"、"炫富"的标签，与早先高端大气的形象大相径庭。不只是路易斯威登碰到如此遭遇，诸多品牌形象在网络上遭到前所未有的"解构"。如果我们把路易斯威登看作是家喻户晓的知名品牌的话，那么它所承载的文化价值、个性化价值将会大打折扣。这是一个消灭全国知名品牌的时代，是一个不断解构不断创新的时代。凡勃仑早就洞察到了消费模式和阶层自我表达有着密切的联系：

其实早在 20 世纪中期，凡勃伦（Veblen，1961）就提出消费不只有实用价值，也代表阶级与权力的象征性符号价值。他以中国女人裹小脚为例说明，一个家族宁可丧失一个女人的劳动力，也要借此表达出家族的社会地位。不过那个时代里，对符号价值的消费还是有闲阶级的特权，只被用了彰显、象征少数人的特殊地位。布迪厄(Bourdieu)在《区隔》(Distinction，1984)一书中研究文化产业的消费时则指出，品位(Taste)其实来自一个复杂的社会过程，它包含了对某些社会资源的专擅，对某些知识的垄断。一个人的气质、教育、生活形态在他的文化品位中表现出来，一群人也借着品位的不同标示出与另外一群人的不同。品位的形成往往有历史性与社会性的长期建构，一个人的品位则来自他的社会化过程。[1]

1980年托夫勒出版的轰动世界的《第三次浪潮》，里面提到："不会再有大规模生产、不会再有大众消费、不会再有大众娱乐，取而代之的将是具体到每个人的个性化生产、创造和消费。"托夫勒三十多年前的预言得到了有效的验证：如今我们很难找到能够被广泛接受、被广泛传播的品牌。相反，近些年来在各个领域诞生了诸多新兴品牌，人们越来越接受"小而美"的产品，倾向于购买新奇具有创意的产品或者服务，大而全的产品服务越发失去了早些年的巨大发展空间。从2010年开始，互联网行业流行一种理念：重新找回工匠的精神，将产品做到极致。相对大工业生产而言，工匠的效率无法与之匹敌，但是"工匠精神"确实追求完美、极致、个性化的诉求呼唤。

人们的选择并非是完全理性的，所谓个性化、个人化消费也就相对于群体而言，真正绝对意义的个人化消费是不存在的。个体在社

〔1〕罗家德：《社会网络分析讲义，第二版》，清华大学出版社，2013年，第48页。

会互动中，自主性和自主意识不断增强，但并不清楚“个性化”究竟为何物。我们今天讨论的“个性化消费”话题，其实更像是一个心理学的概念。在模糊的对比选择中，个人的情绪、直觉会占据主导地位，“理性经纪人”的假设在这个方面是不起作用的。因为群体活动会在不知不觉中深刻影响到个体选择。

2. 个人与群体需求双重作用

个人嵌入社群后，行为模式必然会受到群体行的影响，个体在群体的影响下总会产生服从群体范式的行为模式。这就会形成一个趋势：群体需求个人化，个人需求群体化。要理解这对辩证关系，我们可以引用阿里巴巴移动事业群总裁俞永福的话：“互联网＋”的本质是重构供需：供给方充分利用原有的闲散资源，挖掘需求潜力，从而创造出原本不存在的交换场景。[1] 虚拟社群无疑是互联网时代最佳的交换场景，聚合起来的群成员，在情感和需求上有着很大的相似性，那么“同类聚合、链接”便产生了商业价值，而这种精准的链接聚合是在大工业时代不可想象的。

在传统商业社会，人们对用户的定位和分类是通过实证研究或者依靠经验来做出判断，然后在大类人群中去细分、搜寻目标用户，这种工作方式我们可以称之为“寻求—整合”模式。很明显，虚拟社群是用户自动聚合，商业机构需要嵌入其中，并细致挖掘群内成员的需求，总结他们的行为规律，研究他们的喜好，这种模式我们可以称之为“嵌入—挖掘”模式。在这方面，雕爷牛腩的定位和营销，完全体现了“群体与个人”之间消费关系。

雕爷牛腩号称是中国第一家“轻奢餐”餐饮品牌，“轻奢”本身就圈定了人群：白领、小资群体。根据这个群体定位，其产品和营销的

---

〔1〕2015 年 4 月举行的全球移动互联网大会上讲话。

噱头无不与此契合。其宣称烹饪牛腩的秘方，是向周星驰电影《食神》中的原型人物——香港食神戴龙——以500万元购买而得。增加了受众对产品的神秘感和高端体验感。这在北京白领圈内，是主流的消费模式，而这种消费文化深深影响着CBD每一个白领。在接下来的营销中，首先在开业前进行了半年的“封测期”，邀请京城各界数百位美食达人、影视明星均前来试菜。这个时候，无论产品形象还是营销对象，都很巧妙地契合了群体心理需求。但真正引爆网络的，则是其在IT创投圈内的推广：对一碗牛腩饭的孜孜追求，引起了号称“将逼格进行到底”的IT人的共鸣，两类拥有相似点的群体产生了碰撞，碰撞出来的恰恰是群体的潜在需求。

由于同类聚合，社群天然地就显示出了其商业价值：高度精准的分类，高度相似的消费模式，告诉相似的情感归属。同时，意味着社群的喜好往往是个性化的，代表了社群中绝大数成员固有的喜好。反过来讲，品牌的群内互动和持续交流，能够促使群成员强化原有的行为模式，不断实践、再生产固有的情感归属，个人的行为越来越向群内文化规则靠拢。在双向作用下，群的性格、形象、规则就显现出来了，好像变成了拥有独立个性的人。因此，社群的逐步形成和个人群体互动存在着密切的关系。在这个关系逻辑之下，群内的需求逐渐清晰明朗，个人社群化和社群个人化的状态就形成了。

三、部落内共享：社群经济的核心

接下来，我们需要进一步思考：为什么在某些层面具有同质化特点的人群聚合起来后，就会产生经济效益？社群经济的核心价值在哪里？2011年，美国《时代周刊》将“共享经济”列入将改变世界的十大创意之一。早在1978年，美国得克萨斯州立大学社会学教授马科斯·费尔逊(Marcus Felson)和伊利诺伊大学社会学教授琼·斯潘思(Joe L. Spaeth)就提出了"共享经济"的概念。[1] 从社会互动的角度来看："共享"是维系社群的最核心准则，没有共享，社群就失去了基本的运作机制，甚至会瓦解。业界提出来的"共享经济"模式与我们当前讨论的社群共享机制存在不同：

> "共享经济"一词由其主要理念是一种"合作消费"的生活方式；其主要特点是，个体借助第三方创建的网络平台，交换闲置物品，分享经验知识，或者向企业、某个创新项目筹集资金。由于这种模式下，个体和群体都可以同时成为生产者和消费者，拥有创造价值的能力。[2]

当然，从资源共享的角度理解，共享经济的平台将会给整体社会带来可观的收益，我们目前所讨论的话题主要是从社会互动角度切入，分析新的社会互动内容及模式将会带来何种新的发展增量要素。

1. "共享"——部落生活新形态

去中心化的，非机构组织起来的自发社群，其能够运转的核心要素即为分享。文艺复兴和启蒙运动之后，西方学者一直力图在研究建立在"利己主义"人性前提下的社会管理模式、法律制度、政治制度。然而，人类天性中就有分享的特质。在原始部落中，无论谁狩猎成功得到了猎物，都会拿到部落内与大家共享。然而社会分工细化后，阶级出现，分享的概念似乎消失了，成为了一种需要讴歌赞美的

[1] 作者于 1978 年发表的论文(Community Structure and Collaborative Consumption: A Routine Activity Approach)中提出的。

[2] 作者为中银国际证券，其社会服务业团队成员有：旷实、梅林、范欣悦、杨艾莉。文章为《共享经济：下一个万亿级市场，缘起＋动力＋未来》报告节选；链接：http://www.iyiou.com/p/21464；标题：共享经济深度研究报告三：共享经济的核心机制；来源：亿欧网。

品德。如果单纯从道德层面去观察，我们得到的结论可能是“道德退化，人性退化”，如果用结构化的视角去看待这个问题，结论就是：群体组织方式不同，对人的行为产生的的影响也不同。无论是原始社会的部落还是今天虚拟空间的部落，都需要以“共享”来维系群体的存在。

2003年，一个美国年轻人创立了Couchsurfing的全球沙发客自助游网站，随后类似的网站纷纷建立，并且以极快的速度聚拢了大批会员，在随后短短几年时间内已经扩散到全球。“沙发客”旨在帮助旅游的人找到免费的住宿，并且会员要完全遵守公约。比如不能打扰到房东，房东要提供相应的帮助，聚餐建议AA制等。其中核心的一点是：如果想免费得到沙发，必须要提供给他人沙发。虽然这只是一种新型的旅游交往模式，但是它体现出来的价值却远远超过了商业本身。如果没有这种分享的机制和意识，必然导致沙发客社群的不存在。从这个案例中，我们可以窥测到：新型的“部落化生活”，将会引发大规模的社会交换行为，进而产生共享的经济效益。

在国内，诸如小猪短租、蚂蚁短租、途家网等在线短租服务公司迅速崛起，提供方通过在线登记提交自己的闲置房屋，可以是整间、单间、床位甚至是沙发。需求方若希望去所在的城市旅游，可直接通过平台搜索到想要的房子类型，并在线交易预定，通过类似平台在满足租客的住房需求的同时，还可以提高闲置房屋的使用率。平台则会收取一定的佣金比例。

这种模糊了现有的物品所有权和使用权分离的界限，从而创造了更多的分享、交换和交流。不仅仅是颠覆了传统行业的商业模式，更重要的是以一种全新的方式改变了大众的消费习惯。在这里，人与人之间的信任则是扮演了分享价值放大器的角色。“部落化生活”弱化拥有权，强调使用权，打造了一个对现有的社群环境进行碎片化的重组直到再重新整合的新型社会形态。

2. “共享”的生产力

共享机制发挥作用后，用户在社群内便能够进一步深度链接，其运作的边际成本越来越低，当大量的用户加入社群后，它所产生出来的巨大价值、汇聚的资源会越来越多。这与工业化竞争时代有着本质的不同：工业化竞争是商业机构在争抢数量有限的市场，争取最大化的市场份额，这是一种博弈游戏。而虚拟社群则是在创造市场，超越了博弈的范畴，聚合—链接—共享形成了一个价值无限复制的机制，而且这种机制具有极强的复制衍生能力。因此我们可以把虚拟社群的核心机制看作是共享经济。

Uber 作为全球最大的出租车公司，未曾拥有过一辆车，而是直接打造了一个共享经济的平台创立不过六年时间，它的市值已经攀升到六百多亿美金。更重要的是，它产生了巨大的社会示范效应。

从表面上来看，Uber 是一个打车软件公司。目前在多个国家的城市提供相关的打车服务，Uber 的司机需要交付 20％的收入作为佣金，如果仅仅把 Uber 看做一个打车软件，很难解释的清楚 Uber 为何会成为增长最快的公司并且市值如此之高。

事实上，这是一种超越传统，全新的商业模式——共享经济。“人民优步”利用现有的技术打造具有公益性拼车服务平台，用户可以在 Uber 平台上提出申请且符合资格审核的车主都可成为拼车合作司机。它把一个传统的行业，改造为基于数据和算法的智能商业模式。通过不断改进的智能匹配算法，不但改进了原有的计价规则(采用高低峰期的动态价格调整，从而打破了传统定价的刚性)，还极大的降低了乘客的等待时间。

Uber 作为共享经济的杰出代表，将车辆利用率低作为问题的核心。通过提高车辆使用率，在维持司机收入的同时，不断地降低价格，以进一步地扩大乘客基数，从而吸引更多的司机加盟，这种跨边际网络效应为Uber形成了一个快速发展的正反馈循环。

共享经济的另一个核心在于UGC(用户创造内容)。传统的快递行业有着非常高的门槛,这受限于需要投入大量的人力和运力。在Uber上,通过使用闲置的人力和运力,可以迅速的零成本打开快递业务市场,理论上,每个人,每部车都是Uber可以使用的资源。不仅如此,打车是高频次消费,Uber将打车作为一个入口,建立了人与人之间的连接,随着UGC的内容越多,这也预示着共享经济所产生的爆发力即将到来。

第三节 本土化讨论:新型经济组织对传统机构的影响

在当下,互联网被视为经济发展中必谈的环节,踌躇满志的创业者们动辄以“颠覆”的视角看待传统经济体,并将自己定位为“颠覆者”与新领域的创世主。无疑,这种虚妄的泡沫对各方都是有害的。从经济体的关系而言,我们希望看到互联网能够带来全新的变革:一方面民众抱怨垄断型央企对社会利益的攫取,另外一方面在享受淘宝带来的廉价产品和购物便利性同时,双方形成了一种反差:传统经济体需要互联网进行改造。于是,中国近五年以来,兴起了轰轰烈烈的“行业改造”运动。从餐饮业、房地产、交通、家政服务等等,互联网无一不渗透,所到之处总能够带来全新的经济体验。但是我们不能够陶醉在新技术带来的新生活之中不能自拔,新型经济组织关系必然会带来复杂的代际冲突,同时应该看到,部落化经济其实存在着较多的不确定性和潜在的风险。

一、新生代与传统机构文化碰撞

新生代一般是指90后出生的一代人,他们有着更好的教育基础，良好的物质生活条件，并且绝大多数为独生子女，在思想意识上比前代人有更为大胆的想法，新奇的追求，对自由自主的渴望强烈，这一代人的特质恰恰与扁平化的互联网公司相契合，他们更加认同符合自己趣味、潮流时尚、灵活人性化、扁平管理型的经济组织，越来越抵触金字塔管理体制的经济组织。这对社会而言，是一个巨大的进步，这标志着人们那种“组织依赖型”低效率结构在逐步消解，经济体的变化势必会对社会带来全新的影响；

前一代人仍然对“体制内”经济情有独钟。可以理解的是，这是工业化时期留下来的文化遗产。

但是从更深层次来看，互联网经济将对传统机构产生多层次的影响，进而经济层面的影响会迅速折射到政治层面，为政府管理新兴的经济体提出了课题。从目前来看，管理者并没有完全掌控新兴经济体的管理模式，在不断探索的过程中，看似是对经济的管理，实则更多是对宏观社会管理思路的考验。从诸多案例来看，政府的监管和法律出台，往往严重滞后于经济体的发展。

二、资本对社群乌托邦的控制

我们讨论的社群经济听上去好像是虚拟空间下的一片乌托邦，然而事实并非想象那么纯净。随着越来越多的企业意识到“社群经济”是将来的发展趋势后，纷纷加入了社群制造、社群营销的大军中。

根据对现有数据的掌握，自 2013 年以来，社群营销的热度爆发式增长，很多创业公司将自己冠以社群营销的噱头，并且网络上大量出现了如何建立社群、运营社群、从社区内中盈利的所谓“秘籍宝典”。大大小小的人造社群井喷式增长，并且出现了社群联盟：将分散的社群通过某种机制聚合在一起，意图形成更大范围的影响力和聚合能力，从而实现大规模盈利。

面对业界纷杂的现象，我们需要深度思考：社群的建立是否像建筑一栋楼一样，有标准化的公式和可操作的流程？固然，学术界给出了明确的社群存在的必要条件，但是并没有给出标准的建立社群的成功模式。在商业利益驱使下聚合起来的社群，并不能够称之为真正的社群，其所产生的经济价值也并不能称之为真正的社群经济。

好的社群固然需要营造，需要一定技巧去维系，然而这就变成了由机构中心主导的空间，在这个空间下，受众其实是被动的，被夹裹在文章、视频、段子间不能自拔，在不知不觉中被植入商业信息，从而变成了一种更加隐蔽的“销售手段”。商业的力量无孔不入，我们必须警惕这种趋势的蔓延和发展，因为社群内的商业渗透更加具有隐蔽性和自然服从性。在这种氛围下，社群的规则与制度并不是自然衍生的，而是被精心设计出来的一整套洗脑工具，在不知不觉中充当了被传播的对象。同时，商业机构非常善于营造一种消费身份认同，在持续的消费中，受众不自觉的增强了群内身份认同，那么这就又会导致虚拟社群的成员变成了一群只能听从指挥，在不知不觉中麻醉自我，进入到一种消费麻醉状态，这种状态会感染到群内成员，形成集体的无意识。

这个论断并非危言耸听，以 2015 年初频繁出现的 P2P 平台倒闭、负责人跑路的现象来看，其当时大多数利用了社群的营销手段，每天发布盈利状况、优秀案例、金牌用户等信息，为成员描绘了一幅美好的前景，在广泛宣传、洗脑后，产生了人群裂变，大量的人通过熟人、身边人介绍加入，最终导致上当受骗。曾经创投圈子一直被视作合作天然典范，无数成功案例给创业者描绘了与投资者之间美好的画面，但是现实并没有那么理想，资本很容易控制创新群体。

创业新手易被控股。世纪佳缘，中国最大的网络约会平台之一。在纳斯达克（微博）上市后，公司创始人兼 CEO 龚海燕持股 20.27%，公司董事长钱永强（新东方联合创始人之一、天使投资人）持股 23.13%。比如龚海燕，2005 年复旦大学硕士毕业后，她决定全职经营世纪佳缘的时候还是一个小姑娘，那时她四处寻求融资，却屡屡碰壁。这时，钱永强站出来，给她投了 200 万美元，并要求做董事长。再如汪海兵 2007 年创立淘米公司时，年仅 27 岁，而给他投了 600 万元占大股的曾李青，不但是汪在腾讯时的老领导，还是腾讯联合创始人之一。实际上，一旦投资人成为创业公司的第一大股东，公司的发展在很多情况下已经由不得创始人团队做主。

2012 年 2 月 24 日，尊酷网创始人侯煜疆像往常一样正常上班，一到公司，发现 A 轮投资方好望角启航电商基金合伙人黄峥嵘、天使投资人闫志峰、尊酷网常务副总裁文颐都在会议室，临时告诉他说要开董事会。侯煜疆随即被宣布出局。“资方也好，创业者也好，都有一种膨胀心理——包括我在内——总以为自己能控制对方，结果投资方和我的合伙人一起把我干掉了。”侯煜疆对《创业家》感叹，“江湖之地，不是你干掉别人，就是被别人干掉。”[1]

三、关系数据的挖掘与隐私

在中国发展历史上，对于个人隐私的保护始终得不到有效的重视，这与我们传统熟人关系结构和文化传统有很大关系。随着个人在虚拟空间的关系网络逐步扩大，个人的网络数据面临着被挖掘泄露的风险，人们已经逐渐认识到这个问题。

随着个体在网络上的活动日益增强和关系数据展现出爱的商业价值，个体的连接行为并非是私密不会泄露的，“社交数据”越来越被商家所看重。经常被窃取的信息包括年龄、性别、地域、生活状态、态

[1] 创业家杂志 VC 潜规则：投资人谋求控股把创始人当小弟 http://news.chinaventure.com.cn/2/20120913/97976.shtml。

度、行踪、兴趣爱好、消费行为、健康状况甚至是性取向等。

以面向大学生信贷的P2P平台为例，很多平台开始着手研究如何获取申请贷款人的社交数据，通过设定的计算模型预测其违约的可能几率。很显然，这些明显侵犯了个人的隐私权。社交数据被商家视为营销的数据金矿，通过对受众关系网络的研究从而判断其是否存在商业价值，存在何种商业价值，但是在这一操作过程中，催生了大量的大数据挖掘、大数据分析、精准营销、广告精准投放公司及相关业务。

2013年6月6日，英国《卫报》和美国《华盛顿邮报》报道：美国国家安全局（NSA）和联邦调查局（FBI）于2007年启动了一个代号为"棱镜"的秘密监控项目，多家大型互联网公司如微软、雅虎、谷歌、苹果等均参与其中，为项目提供用户的社交网络交友等信息。该事件为整个社会敲响了警钟：社交网络时代，人们如何保护自己的隐私？当商家将社群关系视作营销主阵地时候，用户是否还会有隐私存在？

加拿大卡尔加里大学的几位学者在2010年做了一项统计调查，对比了美国六大SNS网站，Facebook、LinkedIn、MySpace、Orkut、Twitter以及YouTube之间的隐私保护政策。研究结果表明，六大SNS网站的隐私政策包含四个层面的内容：信息获取合理化（第三方获取用户资料的合理理由）、信息可见度（我们的信息向谁公开、公开哪一部分）、信息匹配精确度（根据检索词匹配的用户信息）和服务器缓存信息。最终结论是，六大SNS网站对用户隐私的保护大多着力于获取用户信息的理由和信息可见度，对于信息匹配度和服务器缓存信息的保护则是几乎没有。[1]

---

〔1〕转引自叶宁玉："社交网络还存在隐私吗？"，《新闻记者》，2011年7期。

洛丽·安德鲁斯在其著作《我知道你是谁，我知道你做过什么》中描述了这样场景："我的每一个动作都神不知鬼不觉地被记录了下来，并有数据整合商对它们进行分析，然后将整理好的信息卖给一些公司，其中很可能就包括我正想要起诉的那家。对于这一侵犯隐私和安全的行为，我不但被蒙在鼓里，还完全束手无策。"

2012年，谷歌两次被国联邦贸易委员会(FTC)处罚，因为谷歌跟踪了用户输入关键词的行为，侵犯了用户上网浏览习惯的隐私。当这些隐私被用来商业促销的时候，不禁会让人毛骨悚然：

> 另一个发生在美国的真实故事就会告诉我们，利用数据挖掘如何掌握我们的行踪。一个美国家庭收到了一家商场投送的关于孕妇用品的促销券，促销券很明显是给家中那位16岁女孩的。女孩的父亲很生气，并找商场讨说法。但几天后，这位父亲发现，16岁的女儿真怀孕了。而商场之所以未卜先知，正是通过若干商品的大量消费数据来预估顾客的怀孕情况。
>
> 类似的大数据挖掘和营销事件在今天更多的发生，尤其是社交媒体产生大量数据后。于是，许多人对个人隐私数据开始担忧，开始批判大数据精准营销侵犯了个人隐私，忧虑我们进入了大数据失控的时代，并将原因更多归结于社交媒体。[1]

中国人对人与人之间关系的隐私极为敏感，不会轻易泄露两者之间关系的亲密程度，但是在虚拟空间，这些好像是不设防的城市，再被商业机构获取并加以利用，但目前中国网民在此方面的自我保护意识极为淡薄。

[1] http://tech.sina.com.cn/zl/post/detail/i/2015-09-15/pid_8491315.htm.

第五章 部落社会思潮及政治参与

很多学者认为：互联网对政治的影响机制在于其开放准入的沟通机制消解了阶层门槛，增加了对话机会，公众可以在互联网上进行公开讨论，能够形成观点的自由市场，进一步来讲具备形成公民社会的基础。学术界主要的研究议题有以下几个方面：首先关注新媒体平台为政治话语博弈和权力系统面临新形态的研究；再者就是新媒体催生新型社会组织，对权力系统的挑战；第三，国际政治话语博弈；第四，权力系统如何面对新媒体。绝大多数政治学者认为互联网是充满希望的新生事物，是政治变革的重要力量。这一论断充满了乐观，实则是仅仅看到了互联网媒介的功能属性。

本书认为：互联网对政治的影响，是从人际关系结构的变化开始的。"部落化"的社会关系结构对政治体系造成了全方位的影响。首先，部落化意味着大一统的威权意识消失，权力结构去中心化；同时，部落能够聚集起成员的认同和想象；最后，部落化的网络政治行为在很大程度上具有分散、多论点的特征，上述特征共同对政治体系产生了深远的影响，但是其真正走向虚拟空间的民主仍需时日。

第一节　公共论战：部落间的政治战争

政治论战在中国有着悠久的历史传统，从西汉的“盐铁会议论战”到唐代关于佛学论战，从朱熹与陆九渊论辩到保皇派立宪派大论战，都是中国政治发展史上亮丽的风景线。但是在前互联网时代，论战范围基本局限于小圈子，且主要媒介为人际传播与书籍、论著、报纸等，最终论辩结果通过政府政策为中介而显现出来。在媒介使用方面，近现代的论战和农业社会有很大不同：近现代中国历史上出现的几次政治论战基本以报纸书刊为传播载体，农业社会的论战则主要以口头辩难为主。在战国时代，苏秦张仪的口头论辩为其赢得了政治上的一席之地，在西方，亚里士多德时期就开始系统研究说服和辩论方面问题。英尼斯对这种面对面的口头论辩情有独钟：

原创性思想要依靠口头传统……当辩题是人的行为和感情时，口头辩难是极端重要的。在发现真理上，口头辩难至关重要。口头的讨论固有的特点是亲自接触，是考虑对方的情感，这和机械化传播的冷酷，形成强烈的反差。[1]

农业社会的政治辩论，是社会精英个人化行为，并不具有社会群体性意义，但发展到互联网时期，论战已经成为集体争夺意识形态话语权力的行为，政治论战并不关心论战内容的质量，论战的焦点转向了人群的站队和划分。通过梳理近十五年来中国网络论战的特点，可以归纳总结出其独特之处：

首先，论战议题发生了分化，多分散为单一事件，事件引发社会论战的比例占据了绝大多数；论战的议题交叉复杂，部分论战议题失

---

[1] [加]哈罗德·英尼斯：《帝国与传播》，何道宽译，中国人民大学出版社，2003年，第166页。

去聚焦点，分散成多个争论点。

第二，传播平台出现交叉现象。传统媒体参与论战的能力下降，并且网络多种类型的平台交叉构成了网络论战的场域。网络论战的平台呈现快速扩散蔓延的趋势，媒介平台会演化成为全媒体格局，在短时间内形成舆论的焦点。

第三，参与人群发生了根本性变化：一、网络放大了论战规模和热度，将更多人群“卷入”，起到了社会舆论聚焦功能；二、网络论战所滋生的话题往往带有很大的“事件触发”性特征，由典型人、事件、言论而引发起话题性的论战，论战话题设置机制复杂化，且话题深度逐步加大；三、网络论战更容易出现群体极化现象，不理性与“为了论战而论战”的表演仪式性强化，有时甚至忽略了议题本身；四、网络论战更多体现了群体博弈性质，包括人群划分及其使用媒介水平、虚拟空间内组织能力等。

一、网络论战的现状及本质

改革开放之后，社会政治思潮呈现出多元化特点，无论是新左派还是自由派，都注重利用媒体的力量发声。90 年代末，互联网提供了不同政治派别论战的绝佳平台，各种政治思潮涌现，并且迅速分派结组，就中国当下热点事件，借题发挥或双方对骂，构成了当前中国网络政治思潮的奇观。2000 年后，网络政治话题的论战更加激烈，具有代表性的事件有：中共是否抗战中流砥柱；“呲必中国”网络论战；宪政论战；周小平现象；韩寒民主三论；三年饥荒是否真实；毕福剑辱毛事件等等。早年的政治论战多以知识分子为主体，随着广大网民参与公共事件的成熟，也加入到了网络论战大军中。他们以自身生活经验、常识性判断进行政治理念的辩论，论战语言有谩骂、人身攻击、情感态度极化等多种负面情况。从论战事件本身来看，中国网民拥有了前所未有的政治宽松氛围，许多敏感话题屡屡被碰触。

1. 话题转移：归向政治

在中国网络论战中，出现了“泛政治化”的现象，经济问题、教育问题、文化问题乃至科学技术问题也能最终演变成为政治话题的论战。最为极端的案例是，“中医与西医”、“转基因”两个科学技术类的话题最终演变成了政治派别的攻击和谩骂。在当前社会思潮环境下，技术问题的讨论最终会演变成为讨论中美政治制度优劣之争。

中医和西医的论战早在民国初年就已经开始，但是在当时具有深刻的政治背景和特殊的历史环境：支持西医被看做是革命派，进步派，支持中医的人被看作是保守派，保皇派，双方互相僵持不下。到了今天，中西医的论战依然存在，不过政治色彩更加复杂，且夹杂着明显的民族主义情绪：支持西医者往往被视作仰美国鼻息的右派，支持中医者被当做文化保守的左派，双方论战的焦点似乎不在于科学技术本身，而在于找出反证驳倒对方，语言极具政治攻击色彩。2015年，屠呦呦获得诺贝尔医学奖，中西医的论战达到高潮。支持中医者认为这是中国传统文化的胜利，而反对者尝试从技术层面证明屠呦呦提取青蒿素的方法本身就是西医。转基因的论战更复杂一些，十年前网络上就有对转基因问题的争论，但是当时仅限于食品安全领域的探讨，自从方舟子和崔永元爆发论战后，转基因话题在网络上迅速升温成为政治问题，支持或者不支持转基因者均被视作具有政治主张者。

约翰·弥尔顿认为：真理是通过各种意见、观点之间自由辩论和竞争获得的，在观点的自由市场，能够让人比较和鉴别真理。弥尔顿的观点放到今天来看，未免过于乐观，我们并没有出现“真理”性的结论，相反，非理性的论战将一切公开讨论最终引向政治。

2. 论战背后的群体分化

近十五年来中国网络论战的议题类型丰富多样，当前民间所存在的复杂的政治诉求，群体在不同诉求中形成政治部落。在任何一个转型社会，群体分化是必然出现的。英国 BBC 曾经试图通过公共新闻弥合群体阶层之间的断裂，增加群体间的沟通，起到整合社会的作用。不容否认，在机构主导的传媒体系中，能够起到良好的弥合社会的效果，但是在互联网平台，匿名性和攻击性并存，理性的讨论和沟通似乎很遥远，群体之间的论战情绪化多于理性化的思考。

中国公众背负了太多的政治遗产，如何对待这些政治遗产，网民产生了强烈的分歧。一般学术研究将中国政治思潮分为自由派、新左派、极左极右派等。这些政治派别的描述是一个虚幻的概念，网络论战中的部落则有着更为复杂的状态：政治观点、传统文化、媒介互动交织在一起，形成了大大小小的子部落。在现今网络的政治争论中，参与范围最广的当属“五毛”和“美分”的论战，其原因主要是在一些政治性的问题的表达形式上，双方被贴上了明显的政治标签，而这两种阵营在中国均有庞大的支持人群，成为了虚拟空间中活跃的“左派”和“右派”，并由此开始了长期的对立和争执。

“五毛军”亦称“五毛党”，是一种特定的称呼，原指发表有利于中国政府或相关部门评论的人员。“美分”这一词最初出现是在网上爱国人士对抗境内外敌对人士称呼爱国人士为“五毛”的产物。现在特指美国等西方阵营的政府反华宣传机构，或者直接间接的受到其反华基金的资助的反华团体或者个人以及一些不明真相的盲目跟风的网民。[1]

“五毛”和“美分”随着互联网产品的多样化，其争执的战场从最初的天涯、猫扑、百度贴吧等论坛，向知乎、微博等扩散，其争执程度也愈演愈烈。

---

〔1〕百度百科：“五毛军”及“美分”。

> 网络 BBS(BulletinBoardSystem)论坛作为中国大陆网民政治讨论最为集中的公共空间，对社会政治事件的持续关注和热烈讨论已经成为不可忽视的舆论力量。……事实上，在中国如火如荼的网络政治讨论中，左右意识形态的观点碰撞与分化，恰恰构成了目前网络政治讨论中最重要的话语内容。[1]

除此之外，网络空间上还有更多的政治派系的分类，参与论战的网民将“政治标签”作为攻击对方的武器，同时也将其作为自我政治认同的载体，从表面上看，似乎是我们的政治文明前进了一大步，从本质上来看，参与公众是盲目的随从，我们并不能乐观地对其推论太多。

二、政治部落何以形成？

如果参与网络政治讨论的网民看作是一个整体的话，在这个整体下并无明显的组织痕迹，也无公开的政治宣言，仅仅依靠政治取向相似组成的松散“观点支持联盟”，但是这些联盟的舆论能量和内容生产能力不容小觑。这些政治部落形成的机制较为复杂，既有社会思潮的影响，也有媒介平台聚合的因素。

1. 形成的时空规律

从网络政治部落的形成的过程来看，主要有三个阶段：首先是政治意见领袖进行话题设置，现在网络明星之间展开论战，不断扩散影响力，吸引媒体或其他平台进行转载。例如韩寒在 2011 年底发表了文章《民主三论》，迅速吸引了大批粉丝进行转发扩散，同时也引起了不同意见者的强烈反对，多位思想界精英撰文开始反击，关于“革

---

[1] 乐媛、杨伯溆：《中国网民的意识形态与政治派别》，二十一世纪，2009 年 4 月。

命”、“民主”、“自由”话题的论战设置完成。

第二步，大量核心人员介入，这些核心人员具有高度的政治参与热情，网络使用水平较高，并且在小圈子内有一定的知名度，核心人员根据政治主张分别站队，围绕意见领袖形成初步的小圈子，论战的规模开始扩大，此时信息生产的数量急剧增加，在双方刺激下，讨论的议题不断扩大，讨论焦点有可能产生分化。

最后，是广大网民的介入，直到此时，松散的政治论战联盟完成，在持续的论战中，个人的观点不断强化，论战语言也逐渐失去理性，从思想性探讨转向了日常化的口水攻击。纵观这个过程，网民在政治论战中其实是被卷入的一族，真正能够起到主导作用的还是意见领袖及其核心成员。

2. 意见领袖与大众参与

转基因事件的案例，可以称为意见领袖（网络“大 V”）带领大众参与的一次讨论。其最初的探讨是转基因是否对人和生态有不利影响，但随着事态的发展和变化，双方对转基因的观点在意见领袖的作用下，向各自不同的方向发展。

新意见领袖群体是互联网催生的新的社会权力层，具有巨大的社会动员能量，尤其在网络热点事件中发挥着左右舆论的作用。新意见领袖群的出现是网络“去中心化—再中心化”的必然结果。目前该群体的新走向引人关注。[1]

同时，正是因为意见领袖的带动，众多网民也参与到讨论中，从而引起了社会和媒体的广泛关注。澎湃新闻也在 2014 年末，总结出关于转基因事件的争论话题，展示了双方就转基因问题各自的观点。

---

〔1〕李良荣、张莹：《新意见领袖论——“新传播革命”研究之四》，现代传播，2012 年第 6 期。

在议题讨论阶段，意见领袖积极地搜集议题相关信息传递给普通网民并利用自己的威望和专业知识背景，对议题进行深度分析，设置信息讨论的议程，创造公共意义空间。〔1〕

通过以上案例分析，我们可以发现：网络论战中，意见领袖的能力不可忽视，他们是政治部落形成的重要因素。有学者曾经乐观地认为网络会给我们带来平等理性的讨论，公众的意见会被淋漓尽致地表达出来，但是斯·班尼特很早就预见了大众容易被精英所主导的，他在《新闻的政治幻像》里面写道：

> 公众舆论研究表明大多数人不能对政治问题进行抽象的、整体的逻辑思考。这并不奇怪。公众舆论调查的结果听起来就像新闻琐碎化的结果：一般人很难明确地说出自己在某些问题上的立场；对于重大问题大多数人只能记住很少的事实；大多数人都看不出问题之间的联系；许多人都很容易改变自己对问题的观点。约翰·左勒曾就从越南战争到海湾战争期间的一些外交政策问题进行过研究，结果表明人们对于某一问题了解的信息越多，他们的观点就越容易受那些占据新闻主要位置的政党领袖和政治精英的影响。〔2〕

无疑，在网络论战中，普通网民只能抓住只言片语，缺少系统化的理论知识，公众接受的碎片化信息不足以让其能够参与到系统的

---

〔1〕梁丽：《“转基因水稻”事件网络传播中的意见领袖研究》，华中农业大学，硕士论文，2010年6月。

〔2〕[美]W. 兰斯·班尼特(W. Lance Bennett)著，杨晓红、王家全译，《新闻政治的幻想》，当代中国出版社，2005年，第89页。

辩论中,可以说网络论战在很大程度上是“公众陪着精英玩”。以精英为核心,网络的政治部落就诞生了。

3. 形成的话语场

中国一直存在两个舆论场:一是以主流传统媒体为代表的政府喉舌话语权力,另外一个是网民解读空间的舆论场。这两个舆论场存在着很多层面的偏差。在很多重大敏感问题上,二者在绝大多数情况下处于博弈状态。随着中国社会的进步以及网络技术的迅猛发展,越来越多的网民愿意在互联网上发表一些自己的看法和见解,而在一些情况下,网民的舆论和以代表官方口径的媒体舆论存在着一定偏差。这种偏差既对有事实的争议偏差、对事情认知的偏差,更有一些较为典型的例子是为了反对政府舆论立场而故意制造的偏差。近些年来出现了一个网络热词“逢共必反”,大意是指一些人无论党和政府做出任何表态,均以负面的情绪看待。尽管随着网络使用者素质提高,该言论的市场认可度逐步减小,但不可否认仍然存在这样一些极端的案例,通过自己的主观人为制造对立和博弈。

“躲猫猫”事件是2009年的热点话题,一度成为当年的网络第一热词。事情的起因是云南省晋宁县看守所内发生的一起死亡事件,但在当地公安部门的通报中,不幸逝世的李荞明被解释为在与狱友一起玩“躲猫猫”游戏中不慎撞墙致死。该事件在网络上曝光后引起了轩然大波,绝大多数网民对通报的内容和案件的真实性表示质疑。至2月20日,晋宁县公安局向网友、媒体代表组成的调查委员会公布对“躲猫猫”事件的调查结果,称是游戏中的意外事件。在此事件中,政府通告、传统媒体被网络舆论立场不断质疑,让网络媒体和网民进一步深挖事件,形成最终被殴打致死的调查。本案中,网络舆论与政府舆论形成了鲜明的对比,对事实的质疑使得调查不断深入。

而前文中提到的“雷洋事件”,同样也是网络舆论与政府、传统媒体舆论博弈的典型例子。在此案件中，双方对事情认知方式有所不同，所以造成了政府舆论强调“还原案件，深入调查”，而网络舆论则更多地偏向“暴力执法，意图掩盖”，但在双方舆论立场的互相博弈中，整件案情是在向前推进的。

政治生态群一方面确实为公众维护了自身利益，同时也推动了司法、政府管理的不断进步。但同时，群体的边界和公共边界究竟是否混杂不清楚？群体的舆论权力边界究竟在哪里？这既是一个法律问题也是一个伦理问题。无论论战双方谁会最后胜利，那么留给实践的问题是：究竟如何操作，才能保证全体公众的利益最大化？

三、政治部落战争的实证研究

为了更深入了解政治论战的传播规律，本书整理了作者相关的实证研究案例，借此更为直观了解部落政治战争在议题、参与者方面的真实情况。[1]

BBS政治派别关系，参与者在议题讨论、观点争锋的不断互动过程当中逐渐形成特定关系网络，它们是以政治观点、政治派别、事件参与为纽带，结成具有明显标志性特征的线上关系。对于互联网BBS政治派系、关系结构的研究，有研究者已经做出了比较有影响力的成果。“对互联网政治论坛的研究，首先应当了解论坛存在的政治派别。”[2]该研究对网络政治论坛的左右派别划分，及论坛中复杂的民族主义、传统文化保守派别进行了有意义的探索。这些政治派别则是线上关系结构典型的代表。其产生的政治舆论传播超越了传统

〔1〕本研究采用的是整体网络分析方法，该文曾经作为内部交流使用，并未公开发表。

〔2〕乐媛、杨伯溆：“中国网民的意识形态和政治派别”，载《二十一世纪评论》，2009，7，第21页。

的单向流动，也超越了传统的舆论引导、宣传等政治化的传播模式，其传播机制变得极为复杂。网络群体间互动及关系结构对于论坛的舆论传播具有重要作用，在某种程度上形塑所讨论议题范围及其传播方式。例如有研究发现："网络舆论中的意见领袖地位的巩固，不仅在于其与追随者（或是舆论的寻求者）之间进行的高效的互动，同时也在于这一群体的行为能够对具体的在线小区的风格发挥长期的决定和型塑作用，这对于网络意见领袖的议程设置行为来说既是挑战也是机遇。"[1]

综合以上所述，对线上关系内在关系结构特征进行量化，对于了解互联网传播的内在机制及其影响，都具有很大的意义。具体到本文研究问题：BBS上所形成的政治派别，其内部关系结构是怎么样的？他们这种关系结构会对互联网政治论坛的舆论传播产生怎样的影响？而对内在关系结构的量化研究，社会网络分析方法无疑是最合适的方法选择。

1. 行动者—事件(actor by events)网络分析研究

在目前新媒体研究方向，较多采用传统常规统计方法。这些方法逐渐已经成熟并被广大研究者所使用。但是对于具有网络化特性的问题，常规统计往往不能够将关系网络内部结构通过实证数据分析出来。与传统的统计方法关注个体属性数据不同，社会网络分析方法关注的是"关系数据"。

"社会网络"概念最早见于1954年英国人类学者约翰·巴恩斯(John Barnes)对挪威渔村中村民间交流网络的描述。他把个人或组织（群体）视为点，个人之间、组织之间的关系视为线，社会网络就由这些点和线所组成的真实存在的一套社会关系。社会网络的概念不仅仅帮

〔1〕安珊珊、杨伯溆："多样性议题偏好和有限性议题影响"，载《中国传媒报告》，2009,10。

助他更好地了解了村庄内的社会结构，而且帮助了他更好地了解了一些社会行为过程。社会网络观认为社会中人与人、组织与组织之间的关系网络影响着社会成员的关系和行为。但是两种研究视角有交叉融合的趋势可能。从阶层分析入手探求社会关系网络和从社会网络探求社会分层结构的两种方法目前被研究者所采用。[1] 但是“与阶级阶层分析相比，社会网络分析是一种更具包容性的视角，它超越了孤立的位置分析，转向探讨社会位置之间的社会关系和社会位置”。[2]

在关系数据中，有一种特殊的数据类型，即“行动者—参与事件”关系，因为它关注的是行动者和所参与事件两个维度上的关系，所以被称为“二模关系”(Two Mode)。它关注的是哪些行动者参与了相同的事件，或者说哪些事件共享相同的行动者。例如，一个经典的研究就是美国学者戴维斯(Davis，1940)在社区搜集了18名妇女参与的14个事件的关系数据。他从中找出存在的派系分组情况；探讨每件事件的地位和影响，进而探讨事件与事件之间的相似性关系。[3] 它使我们可以从微观层次的个体参与延伸到宏观事件结构的考察。二模关系数据提供的分析工具，为理解“宏观—微观”之间关系提供了可能。例如，在上例中，从妇女的个体选择参与可以洞见分派群体的意义，且也可以推论群组、派别宏观结构怎么影响妇女的个体选择。[4] 在新媒体研究方向，目前社会网络分析方法应用较少。本书

---

〔1〕张文宏、李沛良、阮丹青：“城市居民社会网络的阶层构成”，载于《社会学研究》，2004年第6期，第1—10页。

〔2〕Bian，Yanjie，Ronald Breiger，Deborah Davis &Joseph Galaskiewicz 2003，“Network Patterns and Class Closure in Urban China”. Paper presented at the Sunbelt International Conference on Social Network Analysis，Cancun，Mexico，February and the annual meeting of the American Sociological Association，Atlanta，August.

〔3〕Davis，“*Deep South*”，University of Chicago Press，1941.

〔4〕Robert A Hanneman，Mark Riddle，*Introduction to Social Network Methods*，Online. Chapter 17，2008.

希望能够通过本次实证研究进行一次方法上的探索。

具体到本书研究问题，我们关注的是议题参与中，ID之间在选择所参与议题上的关系结构、议题之间的关系结构。这属于“行动者——事件”关系网络范畴。从这个角度深入下去，会给研究网络论坛的舆论影响带来一个新的视角和具有参考价值的结论。

2. 研究设计

本研究数据来源于北大新媒体研究室大规模网络抽样数据库，对二次抽样得到的数据样本进行整理。很显然，这种随机抽样得到的原始数据，并不能将所有的ID参与情况纳入进来。但是我们关注的是ID跨议题参与的情况，而非论坛整体活动情况。ID会将既有政治态度带到政治性话题论坛中，所以他们选择参与是相对固定而非随机的。这样就把随机性带来的信息损失降低到了最低点。将所有ID纳入进来，显然在现实中是无法办到的，而且ID跨议题参与必须有持续的一段时间。本书借鉴了弗里曼(Freman，1994)等人的“海滩研究”，即选取海滩人数高峰时间点12:30—13:00，4:00—4:30，随机抽取来海滩游玩的人，连续观察31天，最后梳理出95人之间熟识程度的关系网络。[1]

共抽取到的帖子按照十个议题进行归类，议题分类如下：反对毛泽东、支持毛泽东；反对西方、支持西方；反对美国、支持美国；反对政府、支持政府；反对官员、支持官员。按照ID参与状况进行归类，参与该议题赋值为1，否为0。由于我们将主帖进行操作化，赋予态度赋值，所以每类帖子态度取正负两极，由此建立起“行动者—事件”的关系矩阵(Actor By Event Matrix)。这可以排除单一帖子参与人数较多，从而导致结果出现偏差。因为纳入运算、测量的必须是关联

[1] Linton Freeman, Cynthia Webster, "Interpersonal Proximity In Social and Cognitive Space", *SOCIAL COGNITION* vol 12, NO 3, 1994, pp. 223 - 247.

选择，参与单一帖子的ID并不能够增加测量指标的结果值。最终我们得到了272个ID跨议题参与的数据。

由于我们关注的是ID跨议题参与情况，只有参与了两个议题以上的ID才会被我们计算在内，所以“单一帖子参与人数较多”的情况不影响本书的各种指标测量。

根据本书文献回顾及研究假设，具体分析框架及相关测量指标如下：

关注“ID与ID”之间的关系。这涉及到“ID议题参与关系网”的中心性相关测量指标。本书选取的是接近中心性(closeness)和整体中心性(degree)。接近中心性反映了ID参与及各自之间关联可达性，对于了解整个ID群体跨议题参与的程度及数量；中心性则反映了个体ID与其他ID之间联系的程度。由于本关系网络是基于议题参与的，因此可以反映出ID跨议题参与的联系程度。为了了解ID和ID之间关系结构，对其进行E－I分派指数分析。E－I分派指数指的是整个关系网络中分派情况的评判。

关注“议题和议题”之间的关系。我们在大致了解了ID与ID跨议题参与的整体趋向情况下，最想了解的就是哪些议题最容易被跨越选择，哪几类议题最可能被同一个ID同时参与。这涉及到议题聚类、小群体分析。本书根据ID参与不同议题的频次，转置原始数据矩阵成为“议题对议题”矩阵，并将其做二值化对称处理。通过Clique分析，可以将关联性比较强的议题归类并用图形方式直观展现出来。

3. 研究发现

跨议题参与多样性

在二模矩阵中，一个点的接近中心度是该点所隶属的事件到其他行动者和事件距离的一个函数，(Faust，1997：172－174)由于该函数大小和 ID 参与议题数量和议题在网络中地位有共同联系，所以该函数可以测量 ID 跨议题参与情况的异同。ID 跨议题参与的数量、类型越一致，其接近中心度越相同。

Two Mode 接近中心度 Closeness

接近中心性	ID 数目
0.49—0.55	34
0.57—0.60	20
0.62—0.70	34
0.72—0.75	68
0.78—0.81	69

通过对本书数据分析得出的结果显示：ID 的接近中心度从0.49到0.81存在较大幅度的差异。说明其在跨议题参与的类型和数量存在着差异，ID 的跨议题选择并非单一模式，而是存在着多种可能的分派组合。

二模转置矩阵点度中心度及中心势测量

该测量是将二模矩阵进行转置，将 ID 之间关系矩阵数据提取出来，对参与者之间关系网络的中心度及中心势进行分析。瓦斯曼和佛斯特(Wasserman and Faust, 1994)认为："中心势很高，这个群体实际互动上是很集权的，几个关键人物就代表了整个群体的互动。"[1]

	Degree	NrmDegree	Share
1 Mean	162.361	35.921	0.004
2 Std Dev	68.314	15.114	0.002

[1] Wasserman, and Faust, 1994, *Social Network Analysis: Methods and Applications*. New York: Cambridge University Press. pp. 464 - 478.

续表

	Degree	NrmDegree	Share
3 Sum	36856.000	8153.982	1.000
4 Variance	4666.848	228.427	0.000
5 SSQ	7043360.000	344749.000	0.005
6 MCSSQ	1059374.375	51852.844	0.001
7 Euc Norm	2653.933	587.153	0.072
8 Minimum	19.000	4.204	0.001
9 Maximum	268.000	59.292	0.007

Network Centralization＝23.58％Heterogeneity＝0.52％. Normalized＝0.08％

从以上数据我们可以看出：ID跨议题参与不存在单一的行为模式。网络中心势为0.2358，比较小，网络异质性与归一性较低。没有出现议题垄断的现象。以上测量仅仅是从整体上对二模关系矩阵进行的初步分析，没有出现单一选择模式和单一议题控制论坛的现象，那么ID和ID之间关系结构、议题和议题之间关系结构是什么样子的？这需要对关系数据进行进一步提炼和分析。

ID跨议题参与的分派性

由以上结果初步得出：ID在跨议题参与中，并未出现单一的行为模式和单一的议题控制论坛现象，那么是不是就意味着ID跨议题选择就是没有小团体存在及分派现象？是否就意味着ID选择呈现出来更多的个性化，而没有选择的规律性可言？为了进一步探求这个问题，本书将原始数据中的关系矩阵提取出来，对其进行E－I分派指数测量和小团体分析。

E－I分派指数测量

E－I(External-internal index)分派指数是测量关系网络中分派程度的指标。其基本测量原则是“群体内部关系除以外部关系数量”。国外学者给出了更为精确的测量公式：E－I index＝EL－IL/EL＋IL。其中EL代表“派系之间的关系数”,IL代表着“派系内部的关系数”。(Krackhardt，David and Robert N. Stern，1988,127)

具体到本书,由于该关系网络是从ID—参与事件矩阵中提取出来的,因此该网络的E-I指数同时也反映了ID在参与事件上的分派系数。

分派指数测量E-I[1]

	Obs	Min	Avg	Max	SDP＞＝ObP＜＝Ob		
1 Internal	0.914	0.797	0.831	0.880	0.011	0.000	1.000
2 External	.086	0.120	0.169	0.203	0.011	1.000	0.000
3 E-I	－0.828	－0.761	－0.663	－0.595	0.023	1.000	0.000

E-I Index is significant($p<0.05$)

从以上结果看出,该网络中,内部联系远远大于外部联系,参与相同议题的ID之间联系紧密,而分散的参与行为则较少。分派指数E-I达到了－0.828,小团体内部的联系多于外部联系表明网络内派系林立情况非常严重。这从另外一个角度验证了：ID在选择议题时,出现明显的群体一致选择行为。在选择议题参与时出现的一致性行为,这是导致政治论坛舆论形成的重要机制。

ID对ID小团体分析

为了更为直观、形象地看到ID在议题选择时候出现的聚类情况,本书对其进行了小团体分析。在分析过程中发现：当团体成员规模在50以下时,并不能呈现出很清晰明显的团体聚类,这也从另一个侧面印证了本书的第一个分析。

---

[1] E-I分派指数是测量网络内派别林立的情况,取值范围是-1—1之间。越接近1表明没有明显派系林立情况,越接近-1表明派系分别越大。

但是当把团体规模提高到 50 个 ID 时候，能够看出本关系网络呈现出 8 个小团体，这些小团体的存在印证了该关系网络中确实存在分派的现象，也间接印证了以上的分派指数分析结果。

ID 对 ID cliques：min size 50 find cliques 8

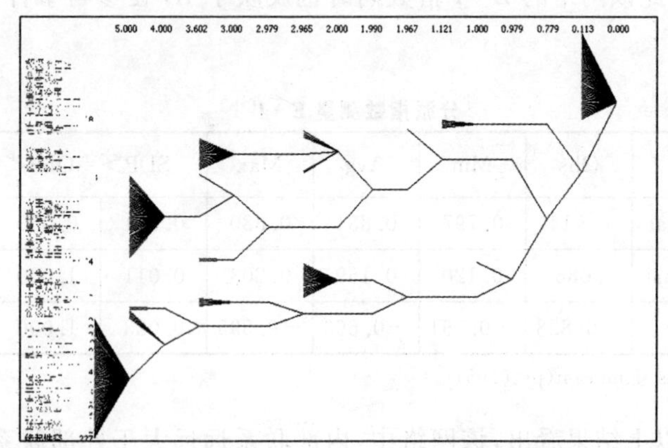

议题对议题：二值对称矩阵 Clique 分析

通过对“议题—议题”关系矩阵二值化对称处理，最小规模设置为 3，得出以下三个小团体：

Minimum Set Size：3

1：反对毛　反对政　支持美　支持西

2：反对毛　反对官　支持美

3：支持毛　支持官　反对美

Clique-by-Clique Actor Co-membership matrix

C1　C2　C3

— — — — — — — — — — — — — —

C1　4　2　0

C2　2　3　0

C3　0　0　3

由数据可以看出：ID在跨议题参与讨论时，在以上议题聚类的框架内有选择性的参与。例如：参与“反对毛”议题的ID，会选择“支持美”等议题，而非选择“支持政”“支持官”等议题。由此该结论支持了本书第三个假设：ID选择参与的多个议题呈现聚类情况。

小团体1和小团体2共享程度达到了2：两个小团体共享“反对毛”和“支持美”。而小团体3则与其他两个小团体之间没有联系。因此，我们可以合并小团体1、2。政治论坛的议题参与限定在这两个大的框架下。从所参与的政治议题看，网络政治派别分类十分明显，这也间接印证了已有的相关研究成果。为了更进一步揭示议题之间的关系，我们需要借助议题聚类的图形：

议题聚类图：(Ucinet Cluster Graph)

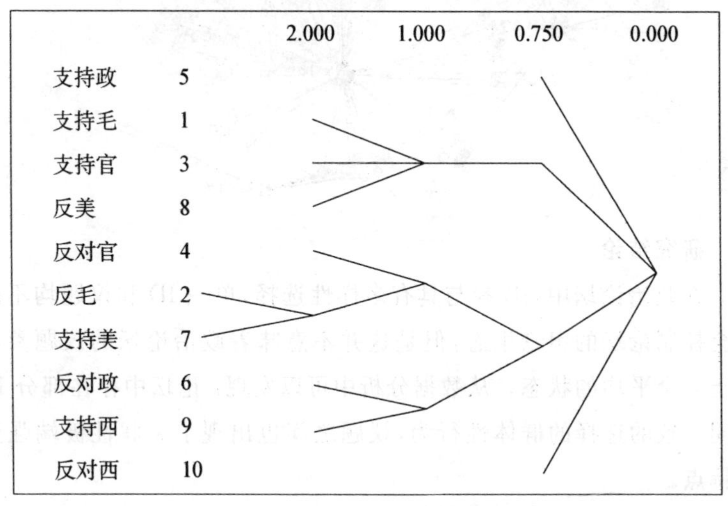

上图是小团体聚类图，从这个聚类图中可以更为直观地观察到议题间聚类的情况：“支持美”和“反对毛”两个议题呈现出最为紧密

的联系，这个测量指标说明：选择了“反对美”议题的 ID，在跨议题参与时，最有可能选择“反对毛”议题而非其他，ID 最容易在这两个议题间关联选择。而“支持政府”和“反对西方”两个议题处于孤立点，和其他议题没有任何关联性。从另一个侧面说明了参与这两个议题的 ID 在整个论坛中处于边缘化的劣势地位。

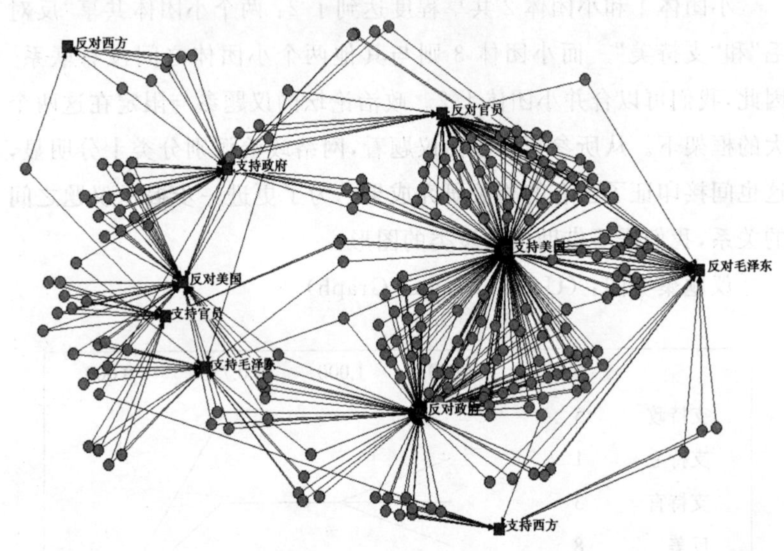

研究结论

在政治论坛中，ID 参与具有多样性选择，单一 ID 和议题均不能完全控制论坛的舆论生态，但是这并不意味着政治论坛的议题参与处于完全平均的状态。从数据分析中可以发现：论坛中存在部分 ID 协同一致的选择的群体性行为，议题之间也出现了关联性极端强烈的特点。

这两个结论并非是矛盾的，因为初步测量出来的结果是 ID 参与具有多样性，这不是因为 ID 之间没有分派关系造成的，而是分成了 8 个小团体，小团体数目的众多使得 ID 整体上参与行为呈现出非单一的模式。

以上这些都呈现出了政治论坛讨论的派别特点。分派指数E－I达到了－0.828,ID成员之间分为了8个小团体。议题间呈现出较强的聚类性："反对毛泽东议题"与"支持美国议题"聚类性最强；"支持毛泽东议题"、"支持官员议题"和"反对美国议题"构成了一个聚类团体；"反对政府议题"和"支持西方议题"构成了另外一个聚类团体。以上结论对于我们了解政治论坛的舆论形成及扩散，有一定的参考价值。

第二节 部落政治诉求兴起

一直以来，权威政治在中国很有市场，在老百姓心目中一直有"明君、青天"情结，直到改革开放后，这种思潮依然存在。萧功秦认为当前的新权威主义是从全能主义向民主主义政治体制过渡的必经阶段，国外学者则将当前中国政治体系称为威权主义(Authoritarianism)。不管对当前的政治体系做如何判断，都脱离不了这样一个现实：持续的经济改革为政治体制改革逐步铺垫基础条件，网民不断通过一次次网络事件争取自身诉求。在过去的十五年内，我们可以看到很多政策改进和法律法规的改革背后都有网民强大的助推作用，网络民意已经成为政策制定、传播和执行过程中不可忽视的重要因素。就当前中国现实而言，网民政治参与行为还远没有达到改变政治进程的地步，它充当的是民主政治练习场的角色。

一、从严肃到表达的松动

从古至今，权力的集中度一直在被稀释，这是人类在进行自我组织管理方面的必然趋势。戈夫曼从日常互动角度，分析了权力如何在“前台”与“后台”之间进行表演性转化，以便形成权威的统治力。在电子媒介时代，公众对领导人的印象与期许更多停留在声音画面的直观印象，电子媒体让公众第一次看到了领导人的音容话貌，按照戈夫曼的理论脉络，这是媒介对政治权力第一次大的“去魅”。

网络社会的部落文化、规则与认同有些类似中国农业社会乡绅制定建立的文化传统规则，对群内成员实施着“教化权力”。农业社会的公众对政治权力不存在直观的印象，仅仅是模糊的概念，但是互联网使得人们能够亲密参与政治事件。在传统媒体时代，政治传播的说教性过于突出，致使公众在接触到新鲜的话语系统后对政治话语产生自然地抵触情绪，网民对于政治话语的逆反表现主要有以下几类：

对僵化、形式化的宣传口号比较反感，对传统的官僚文风较为反感，网络上用政治宣传口吻编排各种段子，在幽默和诙谐之间表达了对空洞、模式化的传播话语的反感和排斥；

对形式化、官僚化的作风比较反感，如领导参观视察的形式主义，低效率的办事流程，千篇一律的会议报到等，甚至有网民调侃：能够背出来中央电视台的新闻联播节目单；

对青年人的政治化行为比较敏感，如网民对于中小学生“五道杠”的批评，认为是僵化的政治思想工作对于青年人的政治异化。

政府也逐渐意识到，以往的沟通方式、话语语风不能够适应当前公众的需要，在不断推进作风、文风、会风的转变。政治的娱乐化是从电视时期开始的，到了互联网阶段，更加成为一种常态，领导人的形象越来越接地气与亲民。2013 年 10 月 14 日，互联网上开始传播一则名为《领导人是怎样炼成的》的动漫视频，该视频仅有 5 分钟，网友称“尺度很大”，因为这是中国的国家领导人首次以动漫卡通人物的形象出现在公众面前，在不到两天时间内点击量超过了百万人次，成为政治传播的成功典范。2014 年 2 月，千龙网发布了一组漫画“习主席的时间都去哪儿了”，首次整体呈现习近平的卡通形象。随后，关于国家领导人的漫画作品大量涌现，其中包括流传广泛的“彭麻麻爱着习大大”音频作品。这在中国政治历史上，是一个巨大的突破，民间政治表达方式对政府有了反向影响力。

二、部落动员的力量

在民间政治参与的热情和创造能量被激活后，政治参与的主体是谁？是芸芸大众的网民，还依然是政治、文化、经济的精英们？当谈到这个问题的时候，学者习惯性地用“网民”代称参与主体，我们深究下去：网络政治参与是否是公众在虚拟空间的自然行为？如此审视，网民确实是一个不经推敲的主体，网络政治的最大影响力在于部落的动员能力，对此威廉姆·科恩豪泽（William Kornhauser）在《大众社会的政治》中有过一段非常精辟的论述：

> 大众社会是一个精英容易被非精英影响，而非精英容易被精英动员的社会系统。自由媒介保护个体免受精英的侵扰。[1]

威廉姆的洞察力在今天看来是十分正确的，其论断在网络时代同样适用，公众的意见能够左右影响到精英政治立场的选择、表达方式的改进，但是公众“被动员”的机制却复杂很多。

1. 从广场到网络：政治行动的转向

在中国政治活动中，广场作为一种政治想象共同体发挥着不可替代的作用。新中国成立后，在广场上进行政治活动给公众留下了深深地烙印，广场作为聚集、动员、表达的场所，长期以来一直广被重视。当这个场所逐渐被网络取代后，其所产生的巨大能量超过了广

〔1〕William Kornhauser. *The Politics of Mass Society*. New York：The Free Press. 1959 年。转引自方玲玲、韦文杰：《新媒体与社会变迁》，复旦大学出版社，2014 年，第 175 页。

场时代，我们进入了一个“虚拟广场”政治动员的时代。

拥有某种共同利益或者价值观念的人会自发地聚集起来，通过一定的方式表达自己的愿望与情绪，并不断相互激发，以期引起社会关注，从而最大程度地获得或保障其共同利益和价值。而互联网，则为这种公共性的聚集活动提供了一个恰如其分的机会与技术支持平台。在特定的网络议题的引导之下，人们会以言论吸引和鼓动更多的人加入一个共同话题的讨论，因此形成一种舆论制造的“集体行动”。虽然这个“集体行动”通常仅仅表现为一种时效性很强的网络舆论热点，而非实体社会的“群体性事件”，但由它表现出来的具有社会动员特点的精神气质，却耐人寻味。[1]

2003 年 3 月 17 日晚上，湖北青年孙志刚因缺少暂住证，被警察送至广州市“三无”人员（即无身份证、无暂住证、无用工证明的外来人员）收容遣送中转站收容，次日，孙志刚被收容站送往一家收容人员救治站。在这里，孙志刚受到工作人员以及其他收容人员的野蛮殴打，并于 3 月 20 日死于这家救治站。这一事件被称为“孙志刚事件”。孙志刚事件引发了网络上强烈的舆论反响，网友纷纷发表言论，呼吁严惩凶手，并要反思违反宪法的收容遣返制度，在强大的网络舆论压力下，收容遣返制度被废止。这一事件在中国法制进程中具有里程碑的意义，同时也显示了互联网强大的社会行动力。

2007 年，厦门 PX 事件是一次典型的线上线下互动的政治行动。公众首先在网络上抗议 PX 项目，建议马上停止建设，同时因为一条短信聚集了大量人群，到街上“散步抗议”，直接导致市政府决定停止建设 PX 化工项目。虚拟政治的动员已经超出了线上，具有了线下实体行动的能力，这件事情具有十分重大的社会意义，它第一次彰显

〔1〕关凯：“互联网与文化转型：重构社会变革的形态”，《中山大学学报：社会科学版》，2013，53(3)：103—110。

了互联网强大的社会动员能量,也为社会管理提出新的课题。

2. 对网络动员的研究层次

自媒体作为一种新型社会动员平台,在近年来突发事件中所体现出来的作用愈加明显,以至于有学者认为“线上动员甚至呈现出跨国的趋势”。(Chadwick, A., 2006)从信息传播角度来看,线上的社会动员能力和范围渠道远远超过线下,这对于传统的政府主导的社会动员产生了很大的冲击。同时自媒体信息传播模式呈现出明显的社会关系网络特征,传播渠道和舆论生成模式与线下存在着较大的差异,这就决定了自媒体的社会动员机制与线下有着本质的区别。

不断涌现的突发性线上动员事件充分反映了变革的现实存在性。这些变化引起了中外学术界的广泛关注,一系列新的研究课题出现,并且已经成为研究的热点问题和难点问题。同时,随着我国社会结构的转型,国家层面已经将“创新社会管理”纳入了战略层面,这就要求研究者必须针对具体问题作出学理性观照,通过对“技术与社会变革发展”的系统研究,有助于充分保障社会政策出台科学性,有效促进建立社会管理创新体系,具体来讲有如下两点:

从国内外整体研究看:在研究议题上,国内外学者有部分交叉,研究对象均关注突发性事件中的议题、参与者框架分析,国内更多关注社会转型期的特征和影响研究,国外学者则针对公民参与、社会融合有着深入分析;从研究方法上来看,国内多采用单一事件框架分析,国外学者有明显依赖数据、新型分析工具的趋势,更多侧重数据的真实性、熟练运用海量数据的技能;研究整体趋势上存在一致共同点:均从早先宏大叙事的理论研究,逐渐转向深入实证的系统规律性研究。

目前国内学者研究多采用案例分析模式,针对网络社会动员的影响、参与者,对线下产生影响及发生过程进行分析描述,所涉及的案例多集中于环境污染、自然灾害、群体性事件等领域。杨菁等针对这些事件中NGO推动作用进行了详尽分析。国内研究角度倾向于自媒体对社会动员产生的正负面影响，更多关注线上舆论压力在线下所转化的现实行动力对社会管理带来的新问题。学术界对于网络动员深层次原因有着共同的结论：社会转型期的公民个体与公共利益诉求在虚拟空间得到了很好的表达（任孟山，2013），特别是在自媒体平台上的个体的表述和社会动员的能力得到了结合。研究者从不同角度分析了网络动员成为可能的几个要素：杨国斌以情感动员角度切入，分析归纳出网络动员存在"悲情和戏谑"两种情感模式（杨国斌，2009）。也有研究者从网络调动人们利益和情绪角度剖析，认为情绪调动是网络对人动员的重要因素和手段（高芸，2010）。任孟山从集体认同角度分析认为：线上动员实质是共同构建归属感、组织感的过程，通过不断将议题框架化，形成集体认同感，从而达到动员的实质性效果。有研究者丰富了这一论断，如草根身份的标榜、道德话语体系的建立有助于传播者塑造自身的话语权威和动员能力（倪宁、马小娟，2012）。通过对若干案例的总结梳理，社会动员结果最终取决于运动成员所掌握的的实际资源。

国外研究视角更多侧重于自媒体环境下建立在公民参与和社会融合基础上的社会动员机制，强调公民个体在虚拟空间中的组织过程和结构，同时也较多关注传统媒体的作用。甚至有学者认为大众媒体在社会动员中起到决定性因素（Todd、Gitlin，2003）。最早的关于互联网与人际动员的研究可以追溯到1978年林顿·弗里曼和巴瑞·威尔曼等人开展的一项"信息交换系统"（EIES）实验。EIES类似于今天的互联网通讯，该实验选取了40名专家参与，通过八个月的互联网联系，发现原先松散的组织变成了具有社区特点的、动员能力强的几个小团体。西方学者延续了公民参与、社会资本等若干热点研究议题，对自媒体的社会动员能力进行了结构化描述。互联网发展初期，西方学者持有论点是虚拟空间消弭了人们的实际联系，减少了社会参与，因此对社会动员不能起到有力积极的作用。然而随着互联网交互性增强，有学者认为"网络正在缔造一个友谊更加浓厚、人际关系日益密切的国家"(Katz, 1997)。新媒体发展有助于人们不断密切联系，发展自身关系网络，强化社会组织动员能力，最终增加整体社会资本和公民社会良性发展。卡若琳认为现实关系结构影响虚拟空间的社会组织方式和影响，从线下角度来观察研究线上动员。在以社交网络为代表的自媒体诞生后，这种观点几乎成为了绝对主流。除了对虚拟社区动员的结构化分析外，西方学者发展了Carey的传播仪式观：虚拟空间的动员，更多是满足了运动成员在整个过程中的传播仪式感，包括共同信念、情感、组织、分享和参与感，这是虚拟空间动员的软性要素。

与此同时，随着研究方法的改进和数据挖掘技术成熟，国外研究者更注重实证数据对研究的支撑。2011年伦敦骚乱事件后，国外新媒体研究者和社会学家认真梳理了自媒体在此次事件过程中展示出来的强大力量，并且针对自媒体的动员能力和若干事件展开了分析。在研究过程中，动用了计算机数据挖掘分析工具，并对海量数据进行了处理，详尽勾勒了事件中社会动员的整个过程。这导致近年来国外研究取向发生了变化，开始注重交叉学科的科研优势。通过对国内外学术界研究现状的梳理可见两个存在的研究空白点及学术突破可能。

首先，学术界较多关注自媒体领域中的社交网站，但是随着技术不断融合，媒介形态发生了重大变化，社交功能和大众传播功能并存的趋势越来越明显，自媒体无疑可以作为二者的综合表述。

再者，国内外由于社会发展情况不同，所面临的研究问题存在较大差异。国内学术界所欠缺的是数据化实证分析和实质规律性的研究，充分发挥社会网络分析工具的作用，有助于连接结构化分析和文化层面研究两个方向，提供交叉、系统的自媒体动员机制全景。

第三节　部落文化与政治传播悖论

一、对抗式解读与公共政策

以广播、电视、报刊为主导的公共政策传播体系面临着结构调整，“人人皆媒体”成为当前公共政策传播的重要特征。公众可以通过直接渠道表达自身利益诉求，加大了政策反馈的速度和精确度，增强了整体社会的协商与沟通能力。自媒体所产生的舆论影响力已经超过了传统媒体，但绝大多数政策制定者仍然依赖并使用传统媒体作为公共政策的发布主要窗口，这是当前公共政策传播的一个盲点，即影响力最大，受关注最少。

自媒体传播机制完全不同于大众传播体系，在这个体系下所衍生的受众行为也不同于传统媒体的用户特征，这两点是当前公共政策传播的主要危机根源。政策制定者应当充分认识到自媒体的作用并加以有效利用，才能够从根本上避免危机产生。

1. 部落内“高风险”传播环境

自媒体从根本上改变了公共政策的传播环境，由原来单一定向传播体系转向了双向多元化的交流。这主要依赖于三方面的转变：

首先在自媒体时代，用户生产内容(UGC)成为常态，以文化精英为代表的把关人作用逐步消失。在大众传播体系中，把关人对政策的内容、解释和意见发布是可控的，自媒体让人人都可成为信息发布者，把关人的缺失意味着更加多元复杂、个性化的利益诉求能够得到传播，对公共政策的反馈渠道呈现纷杂的状态。例如在2008年“机动车单双号限行是否应常态化”讨论中，不同利益方充分利用自媒体发表自己的观点看法，最终导致舆论天平导向公众一方。公众与权力机关的直接互动和沟通，对政策制定者与公众沟通提出更高要求。

再者自媒体的传播范围和对象不明确性增加。无论微博还是微信，自媒体传播对象依赖的是虚拟的人际关系网络，这就导致了传播对象和信息扩散范围存在着较多可能性，一条内容经过自媒体扩散发酵，甚至可以演变为全国范围的公共表达，舆论的焦点更多由网民定义生成。2011年3月，有网友在阆中市国土局官方网站咨询：“请问我们阆中商品房产权都才40年”，对此提问，阆中市国土局在回复中称：“40年后，我们是不是还存在这个世界，不要考虑太长远了。”这条“神回复”迅速被自媒体放大，由地方政府网站扩散为全国性热点，并且引发了产权年限的大讨论，凸显了自媒体在议程设置和舆情焦点生成中存在着较多的公众参与性。

最后，自媒体的意见领袖特征发生了较大转变。传统公共政策的解读者和意见领袖具有文化精英和体制内双重特征，自媒体时代的意见领袖更多呈现草根特质、平民视角甚至娱乐化特点。虚拟社区的活跃分子、知名律师、公共知识分子甚至娱乐明星都可能成为某项公共政策的“权威解读者”，根本原因不在于其对某项政策的专业性，而在于其所拥有的粉丝数量及其所带来的传播能量。

以上所述传播环境三个方面的变化，是政策制定者所必须面对的高度风险化的媒体环境，对相关工作者提出了更高的媒介素养要求。

2. 受众行为引发多种类型危机

对公众来讲，自媒体具有信息传播的便捷性和双向沟通的平等性，但这是一把双刃剑，同时也诱发并扩大了受众的偏激行为，为公共政策的有效传播带来较多的不利因素。主要包含以下几种类型：

一是公众的对抗式解读情绪容易蔓延。从理论层面讲，某一时期公众对政策的对抗式解读具有复杂的社会原因，自媒体无疑强化了对抗情绪。自媒体的传播者及其受众存在着较强的观点认同度，"不接纳、调侃"的情绪得到了蔓延。近年来，网友对全国假日办的各项政策均抱有抵触的情绪，在2013年底规定的"除夕上班"事件达到了顶峰，网友通过微博微信纷纷吐槽，充分表达了各种不满情绪。导致公众对于假日办整体政策合理性甚至该机构存在的必要性产生严重质疑。2014年国庆前，运行了十四年的全国假日办被撤销，不得不说自媒体在其中发挥了重要的民意表达作用。

二是对公共政策断章取义，追求传播上的轰动效应。普通大众的参与意味着多元意见的表达和诉求，同时也带来了对政策系统把握不准，部分媒体或意见领袖断章取义，突出放大甚至无限联想部分字眼，为了吸引眼球不惜使用轰动的标题对公共政策进行报道。例如，与公众切身利益密切相关的社保问题，频发对政策的误读。《事业单位人事管理条例》于今年7月1日正式施行，网上出现大量的"事业单位实行合同制、3000余万事业编制人员今起参加社保"信息，虽然人力资源和社会保障部称这属于误读，条例的实施并不意味着事业单位工资制度改革和养老保险制度改革开始实施。但是大量的自媒体评论已经出现，对公众造成的印象已经不可改变。再如"3个月不缴费，医保就清零"的误读引发了政策的形象危机。

三是极端个案的放大带来的普遍恐慌情绪。自媒体对舆论带来的重要特征是个体行为会衍生成为全民关注的社会事件，地方问题可以发展成全国性的热点。极端案例发生，对公共政策整体的影响是比较大的。公众包括专家学者会借由极端事件质疑整个政策的合理性，为政策的社会形象带来极大的负面影响。2014年，湖南军训教官打人事件，就一度引发了公众对于军训制度的质疑，甚至有专家学者建议取消军训这一拥有较长历史的政策。极端个案所带来的整体影响在各个行业普遍存在，处理不当将会严重影响公信力。

3. 传播危机应对方案

针对上述传播环境的变化和受众行为特征，必须做到以下几点以避免可能发生的公共危机，确保该公共政策传播的有效性。

首先要充分发挥自媒体意见领袖的作用，在第一时间掌握对政策的解读权，避免众声喧哗导致对信息的误读。同时应当注意的是要不断稀释政策中专业性较强的部分，增加政策的可读性，不留下公众对政策的猜测和想象死角，杜绝含混不清的表述。

再者应当随时追踪并评估、研判政策传播效果，不应当“一发了之”，对于出现断章取义的情况，应当尽快澄清。应当不断协调传统媒体和自媒体之间的互动关系，二者互为补充，对网络信息不应当放任自流，应当积极引导并参与到网民的实际讨论中。

第三，要将公众反馈作为政策制定的重要一环。需要不断增强与公众的沟通，积极搜集汇总公众意见，能够最大限度修正并保证政策的合理性。从这个层面来讲，政策制定者应当逐步适应自媒体倒逼公共政策制定的现实情况，并将其作为重要的政策工作环节。

最后，对于出现极端负面的个案，应当及时回应，在第一时间介入并掌握信息主动权，避免出现因为迟迟不回应而导致公众负面情绪蔓延到政策本身的情况。如果一旦出现公众对政策的抵触情绪，应当开展适当的公众沟通活动，充分利用网络平台表达、阐明政策本身的内涵，积极主动掌握信息解读的正面引导权。

二、部落内的政治戏谑文化

除了对政策的对抗式解读外，网民在虚拟部落中还展现出来一种戏谑文化。戏谑文化本质上是草根对抗精英的自然反应，但是这种文化在虚拟部落中的蔓延，导致公众对主流媒体传播内容产生极大的抵触心理和解构行为。

对政治传播内容进行调侃甚至讽刺，成为一种"时尚"文化。以周小平事件为例：本来是一个青年的正常爱国情绪表达，但是在网络空间被视作"自干五"的代表，并且主流媒体不断发表文章帮其解围，反倒刺激了网民产生更大的抵触心理。

戏谑文化的产生并不是偶然，西方经历过漫长的中世纪后进入文艺复兴时期，但此时的文艺作品中充满了对神父的调侃和讽刺。《十日谈》中记载了大量的关于神父丑行的描述，这是社会发展过程中，权力和结构发生变动，民间情绪通过特殊渠道的表达和流露。我们应当正确看待网络部落的戏谑文化，它一方面是社会进步的表现，但是同时应该积极引导走向理性，任由发展会导致整个社会犬儒主义氛围的蔓延。

三、舆论传播的部落特征

随着各类新媒体平台的不断融合，网络舆论的生成越来越呈现出部落聚类关联的特征。以单一指标，如讨论特定议题、研究单一平台、梳理舆论领袖个体等方法考察网络舆论明显不能从根本上梳理网络舆论生成及扩散的内在机制。舆论议题提出呈现高度聚类特点；舆论生成依赖于虚拟部落；舆论的扩散则依赖于跨部落的传播网络结构。网络舆论从议题设置、舆论生成、舆论扩散已经非单一孤立现象，而更多呈现综合关联特质。从网民虚拟关系、议题聚类、平台融合等关联性角度入手，能够更好理解网络舆论生成、演化及其扩散的内在机制。

移动互联时代催生了新媒体平台的不断融合，不同类型的新媒体平台在信息传播、议题设置方面呈现出更多的互相影响关联特征。学术界针对3G时代信息传播特点提出研究个体“嵌入式”的价值及意义。具体体现在：传统门户网站信息通过微博转发、SNS社区分享等技术机制推动了信息传播路径的改变，同时也加快了信息传播速度；SNS社区的分享讨论的内容也深刻影响着门户网站的议题设置，即时通讯也积极推出具有SNS性质的平台。根据DCCI在2011年上半年发布的数据显示：用户在微博上停留时间越来越长，并且当网民成为微博老用户的时候，微博对网民会有更多的SNS属性影响，此时微博也成为社交网络的应用。另外一方面站在平台角度，微博的服务商通过技术和微博本身功能的延展，同样使得微博在更多功能上具有SNS的特征。国内目前比较有影响力的网络媒体呈现出三位一体的信息格局：门户新闻议题设置、SNS社区共享讨论、即时通讯工具的迅速扩散。

网络舆论形成的特点之一就是在互动讨论中形成的，观点倾向、议程设置等问题在新媒体领域的展现有赖于网民的参与互动，在不断互动过程当中，形成自身关系网络。这与传统媒体单向线性模式有着根本的区别。虚拟关系网络可以是人与人，也可以是人与事件、议题和议题、平台与平台之间的关系网。实证数据表明：这些关系网络呈现出高度聚类的关联性特点，这为我们研究网络舆情提供了新的思路和方法。具体来讲：在同一个虚拟社区中，群体分化产生不同小团体、派系，这些分化对于舆论生成和倾向有很重要的意义；同时网民关注、参与事件讨论有规律可循，而这些规律本身就是舆论形成的重要机制之一；虚拟议程设置及讨论并非杂乱无章，同一性质的议题聚类更容易形成整体舆论氛围；最后是舆论平台的扩散是单一事件成为“网络整体事件”的一个重要过程。下面就以上几点进行分类详细阐述。

1. 虚拟关系传播网络

新媒体“交互式”传播方式突破了传统线性单向传播路径，网民的虚拟关系网络成为信息流动重要通道。在没有嵌入任何虚拟网络情况下，散点式的网民很难进行有效地议题设置及信息传递。尤其是近年来SNS网站的蓬勃发展，将“信息传播—人际关系”这一互联网的要素之一体现得淋漓尽致。在“互联网支持的社会网络”中，网络成员以兴趣、观点、利益等为连接点形成新的关系，信息传播沿着线上关系网络而扩散开来，线上关系结构直接影响着传播模式及其影响。

彭兰在相关研究中指出：传统的BBS等虚拟社区的影响有所减弱，而由SNS、即时通信、博客等应用构建的新兴社区的影响正在上升，这些新的应用也促进了人们的社会网络的形成与拓展。以社交网络为例，国内社交网站多以强关系为主，也可以说是现实在虚拟的投射，好友信息转载、分享限制于其所嵌入的网络内，微博的信息接收更鲜明地体现了这一点。除了现实投射于虚拟的强关系外，网民根据自我兴趣、爱好等发展的关系网络逐渐与现实融合。融合后的关系网络构成了个体在虚拟空间的全部社会网络，国外研究表明：现实与虚拟关系网络的不断融合使得个体的社会网络逐渐扩大，同时也更凸显了虚拟世界的“关系传播”特点。

由以上分析可得知：新媒体舆论传播，它超越了传统的单向流动，也超越了传统的舆论引导、宣传等政治化的传播模式，其传播机制变得极为复杂。网络群体间互动及关系结构对于论坛的舆论传播具有重要作用，在某种程度上形塑所讨论的议题范围及其传播方式。有研究者认为网络舆论在网民之间进行着高效互动。由此，从关系角度对网络政治论坛传播进行研究，有助于对议题设定、传播效果等方面做出积极探索。既有研究表明：密度高、中心性强的网络所讨论的议题不容易形成扩散，舆论生态掌握在某几个少数人手里，反之则舆论生态较为丰富，信息扩散较为广泛；而网民关系仅限于几人的小圈子，则行动者信息范围就会变得非常狭小。从群体之间的关系网络来看，高度连同性、可达性的网络，群体成员共享信息就越容易；相反则信息传播不利。

以上角度需要我们从数据实证角度认真梳理线上虚拟关系结构。最近热议的“微博被垄断”事件，更多体现了研究者对虚拟关系结构的重视。

2. 议题聚类与舆论生成

根据DCCI的调查显示：目前网站外部流量来源中，搜索引擎以84.7%远超35.8%的微博和SNS社区；从流量增长速度来看，两者的差距已缩小到22.3%；未来最看好的渠道占比中，差距进一步缩小到13.5%。微博和SNS社区已成为网站流量增长的新动力。从网站流量分析中可推断，网民在议题生产、关注方面，越来越多依赖社会化媒体。交互式的议题选择设置逐步突破传统线性“推”的模式。网民选择行为更多影响舆论的议题提出及生成。传统议题提出依赖于“门户网站议题设置”+“搜索引擎外拉”模式，而随着SNS社区交互式信息传递越来越深度介入网民信息浏览、发布行为，虚拟社区的“自主生产”+“关系传播”模式越来越普遍，同时也意味着网络议题舆论的把关环节逐渐消解。

从宏观层面讲，目前在中国互联网舆论焦点的议题可以分为以下几类：一是对相关政策、体制不满的批评，主要是针对不公平、歧视性法规、现象的批评，其中夹杂中外体制差异、管理思路对比等；二是对政府及其工作人员不法行为的监督和批评，特别是在对负面公共事件中表现尤为明显；三是在重大灾害、事故中的不确定谣言传播及相关情绪发泄；四是对弱势群体利益的维护，比如拆迁、司法不公等。网民在参与议题转载、讨论时具有多样性选择，单一网民和议题均不能完全控制论坛的舆论生态，但是这并不意味着政治论坛的议题参与处于完全平均的状态。从以往既有数据分析可以发现：网民存在着协同一致的选择的群体性行为，议题之间也出现了关联性极端强烈的特点。例如，对于环境、文化方面的批评，有可能延伸至对政府的批评；关于国际局势、外交策略的讨论又与中国文化、现代化进程的议题密切相关。[1] 产生这种议题相关联的原因在于：网民既有政治态度会介入虚拟社区行为，而这种既有态度和偏好会在很大程度上影响虚拟社区议题生产及传播结构。

网络中某个议题成为舆情焦点固然有其偶然性，但是从互联网整体舆论议题设置来看，存在着必然性和明显规律性。这与当下社会热点、网民心理、行为习惯有着密不可分的关系。比如针对红十字会的一系列事件引发了对献血机构、救助机构、教育机构等一系列信誉缺失的讨论。某个焦点性的议题往往会蔓延至相关联的讨论中，“被蔓延”的议题很有可能成为下一个议题焦点。网络公关行为往往会利用这些规律，用其他事件转移网民关注视线，这也是需要引起网络舆情研究者及相关业界人士注意的领域。

3. 跨平台“全网络传播”与舆论扩散

新媒体平台融合趋势越来越凸显，新媒体平台在结构、技术、功能方面的融合使得单一平台很难控制引导整个网络舆论。当前学术界关注的是传统媒体和新媒体之间的融合，忽视了新媒体内部不同平台之间的融合力量及其对舆论产生的深刻影响。早期网络舆论扩散在于门户网站和即时通讯的互相配合，随着 SNS 介入，网民自媒体特性逐渐展现，微博的强力介入更是改变了网络舆论形成的格局。

〔1〕该部分论述参见本书作者在第八届国际互联网大会上发表的论文《分派选择、议题聚类：论坛 ID 跨议题参与分析》。

相关研究表明：国内的舆论生成机制发生了重大变化，即微博、即时通讯等率先报道，迅速扩大事件传播范围，SNS网站大量转载、讨论，形成舆论基调，被加工、评论过的舆情得到二次转发，从而形成一个不断升级、深入的循环。

从技术层面看，Web1.0到Web2.0之间的平台鸿沟大大缩短，二者逐渐进行着融合的转变。信息从门户网站到微博，再到搜索引擎的信息全覆盖，反过来再深刻影响门户网站的议题设置，这个过程所用时间越来越短。技术的发展越来越倾向于简洁化、一键完成，这更为消弭平台界限提供了可能性。这为某个信息在短时间内急剧爆发提供了可能性，促使其在短时间内成为网络舆情中心焦点。在“全网络”格局下，加上网民的“去中心化”意识逐渐增强，个体表达欲望及诉求增加，社交网络的自媒体传播模式可以引发学界所观察的“网络蝴蝶效应”，即个体的议题设置演变成为全网络焦点中心。在这个过程中，平台间互动、印证起到了极大的推动作用。参照近年来发生的比较关注的网络事件即可看出端倪。“全网络”的概念介入网络舆论的研究是很有必要的。

“全网络”舆情监测首先需要了解的是不同类型平台的用户特征及构成，国内诸多研究性机构，如DCCI、艾瑞、人民大学舆情研究所等，均有分析不同平台的网民构成的研究成果，针对网民基本社会统计变量及网络行为偏好进行实证性总结，这些数据有助于监测相关舆情发展、扩散状况。用户构成同质化媒体平台更容易形成舆论聚合力量，用户异质性较高则在网络议题构成、传播方式、影响力方面存在着明显差异；再者就是需要了解平台与平台之间互通互动关联度。关联度较高的平台间容易形成议题互动、信息共享，容易成为舆论焦点。高度关联的新媒体平台容易形成“舆论扩散集群”，因此对网络舆论的监测、引导研究单一类型平台已经不能应对全网络现实。

通过以上分析可知，互联网舆论生成及扩散并非单一孤立事件。网民形成的虚拟关系网络是舆论传播的重要通道；在SNS社区的讨论中，网民形成的议题共识、观点定论是舆论生成的重要机制。在这个基础上，随着全网络平台的重复转载、再度生产、二次传播，使得舆论形成机制更为复杂。但是从议题关联、全网络视角来看，网络舆情并非遥不可及，根据网民行为规律、信息扩平台传播规律，我们可以更深层次理解网络舆情生成的内在机制。

三、讨论：重塑统一政治话语的可能

前文已经论述过，中国处在一个急剧转型的时期，在这个时期政治文化和运作体系也出现了较大的转型期特征。政府在积极转变职能，下放更多权力给予民间，同时也在积极培育新型社会组织枢纽，力图通过民间自治力量探索新的社会治理模式，同时公众的公共领域意识逐渐在增强，维权意识空前加大。但是从人群结构的代际划分来看，仍然存在着诸多不确定性因素：

目前，社会的掌权力量基本在50后、60后，他们有着强烈的集体认同意识，政府对于其来讲具有相当高的公信力；70、80后是社会的中坚力量，教育程度好于前代人，但是政治诉求相对淡薄，对于规则意识比较敏感，游走于体制内与体制外中间地带；90后刚刚介入社会体系，他们这一代有着明显的区别：政治意识淡漠，个性化的诉求较强，对于传统说教性的政治宣传毫无兴趣。

在这三个明显区分的代际空间中，交织出来中国复杂的政治话语场域。掌握新媒体传播技巧的70后几代人，在表达政治诉求和观点的时候有明显的传播优势，往往与主流问题和意识相左，但随着这批人逐渐加入媒体并不断成长，我们可以看到近些年来媒体政治话语风格偏向软性幽默，接地气，少了刻板的说教和枯燥的公文转载，通过现代化传播技术不断更新政治话语体系,网络用语也逐渐影响到政府话语体系。如"你懂的"、"给力"等词汇频频出现在政府领导人讲话中。多重话语空间的并存,是社会的进步,几方面的交织也使得我们分析当前互联网空间内的政治思潮变得复杂困难。

除了上述问题以外,整合政治话语空间意味着要有统一的公共领域,但是兰斯·班尼特在十年前就表达了技术对公共领域压缩的担忧:

> 这些公共空间,从咖啡馆、酒吧到城镇会议和读书俱乐部,构成了前卫的传播理论家哲登·哈贝马斯所说的"公共领域"。[1] 许多现代观察家们感觉到公共领域正在缩小,或者说,在现代社会中正危险地分裂。而且具有讽刺意味的是,这主要有人际传播技术的不断提高导致的。社会学家托德·吉特林说:在任何统一的公共领域,都有必要考虑微小的、变化着的"次领域"的大量增长。[2] 这些个人兴趣的"次领域"可能非常让人着迷,经常使人在舒适中忘记社会中的痛苦。然而,如果人们不断利用传播技术来建立并生活在他们自己的个人世界,那人们在哪里能够面对面地分享和分担理性的政治讨论所需要的信息和忧思呢?更不用说达成什么一致意见了。……对权力和相关身份的苛刻要求反而可能造成了个人生活和公共领域的分裂。一些人在庆祝个人从公共准则和义务的束缚中解放出来,另一些人则谴责社会和民族的衰落。[3][4]

---

[1] Jurgen Habermas, *Structural Transformation of the Public Sphere: An Inquiry into a Category of Bourgeois Society* (Cambridge, MA: MIT press, 1989).

[2] Todd Gitlin, Lecture University of Washington, May20, 1999.

[3] For an extended discussion of these ideas, see Bennett, "The Uncivic Culture".

[4] 本段论述引自《新闻的政治幻想》第 146 页,作者在此提出的"次领域"概念十分有意义:在部落化时代,次领域大量滋生,他们是对整体公共领域的解构。

这种担忧并不是杞人忧天，在当前的中国社会，融合政治话语有着太多的困难和不确定性因素。除了技术对人的隔离外，转型期的利益分化也在撕碎我们的政治话语空间。因此，我们应当探索新型的政治传播体系，能够包容、整合不断分裂的部落，使其形成社会建设的合力。

第六章　部落社会的文化特征

2002年6月，英国伯明翰大学关闭了该校的文化研究与社会学系，引起了学术界轩然大波，这个成立于1964年的学术机构，一直被认为是文化研究的发源地，并由此逐渐发展成为“伯明翰学派”。在将近四十年时间里，该学派开创了新的大众文化研究范式，分析并批评大众媒介中隐藏的政治及资本对意识形态的控制，关注社会转型期文化的变迁等。20世纪60年代，在世界范围内社会运动此起彼伏，工业力量对社会进行了全方位的渗透，当然包括文化领域。有人悲观地认为：伯明翰学派的消失，意味着我们的社会对文化批判思索的能力消失了，机器工业取得了绝对的胜利。早在二战前后，法兰克福学派的“文化工业”与“机器复制”的批评范式引发了全球学者对于工业化时期文化发展的忧思。好莱坞的电影、流行音乐无疑冲击着阿多诺、霍克海默、马尔库塞等人所憧憬的理想社会文化形态，面对工业对文化的冲击，社会是否会进入到一个无意识、无批判能力、被动接受的“机器复制品”的状态呢？作为文化生产者的知识分子如何面对这个时代？

如果要梳理出学者们对“文化”的定义，恐怕一本书都无法阐释清楚。在人类学奠基人泰勒那里，“文化”是“一种复合体，包括知识、信仰、艺术、道德、风俗、法律，以及其余从社会上习得的能力和习惯”。[1] 有的学者认为文化是一个更为广阔的概念，包括物质在内的人类所有人工产物，对于族群的生活方式、行为方式也是属于文化概念范畴，无疑这种视角是将“文化”的概念泛化了。马林诺夫斯基在《文化论》中认为：“文化是指那一群传统的器物、物品、技术、思想、习惯及价值而言的，这概念实际包含着及调节着一切社会科学。我们亦将见，社会组织除非视作文化的一部分，实在无法了解的；一切对于人类活动、人类集团，及人类思想和信仰的个别专门研究，必会和文化的比较研究相衔接，而且得到相互的助益。”[2]很显然，本书并不会讨论文化的泛化概念，对于“调节一切社会的科学”亦无野心，本节所讨论的“文化”严格界定在人类所生产的知识、艺术文化、信仰等文本范畴，对于涉及“法律、道德、思想”的讨论主要放在了第五章，文化研究学派研究的对象也主要以此范畴为起点，对于概念的严格界定有助于我们聚焦“文化变迁”的关节点。

现如今，我们依然面临着先贤们思索、批判过的问题，而且情况更加复杂化。特别是互联网出现后，网民们所爆发出来的文化创造力是阿多诺所未曾想象过的，网民对传统文化、经典文化进行了史无前例的解构，我们该如何评价这种现象？它会给我们带来何种文化后果？在社会转型期，文化会发生何种变迁？要回答这些问题，我们必须从几个方面切入：第一，文化生产的主体发生了变化，全民生产与本雅明时代的机器复制明显存在着根本差别；第二，精英文化失去了大批受众，社会文化也存在着“去中心化”的现象，各类亚文化蓬勃

〔1〕Tyler, E. B. *Primitive Society*. 1871. London : John Murray 注释：转引自《社会学与中国社会》，李培林、马强、马戎主编，社会科学文献出版社，2008，第 434 页。

〔2〕马林诺夫斯基：《文化论》，1987，北京民间文艺出版社，注释：转引自《社会学与中国社会》，李培林、马强、马戎主编，社会科学文献出版社，2008，第 434 页。

发展;第三,在信息丰富的时代,反倒出现了“社群屏蔽”现象,虚拟部落的文化蓬勃发展,小圈子内的文化流通渠道越发封闭狭窄。

从这些角度来看,我们今天探讨部落化生存时代的文化转型问题,具有探索意义。首先,到目前为止,学术界并没有发展出来主流的研究范式,更多借用文化研究学派的批判视角;再者,互联网时代的社群之间的文化互动并没有得到充分的重视。我们尝试通过最基本的文化生产、传播逻辑,归纳出可以描述我们当前文化现象的模型。

第一节 文化生产与功能变迁

在人类很长的时期内,我们可记录下来的文化是由少数人生产的,文本充满了典雅性,同时也意味着与绝大多数公众的隔绝。现代教育机构建立后,专业的文化生产者诞生,加之工业化及电子媒介的影响,“文化”作为产品进入了批量复制时代。网络 Web2.0 时代的到来,更加加速了“文化”的生产,但是其已经失去了工业时代“产品”的特性,更多的是社会文化心态的在虚拟空间的投射。

一、政治与技术:生产者的转型

1. 民间—皇权:文化生产的双星结构

从知识层面来看,中国可记载的文化自诞生之初便与政治存在着千丝万缕的互动关系,或政治主导文化走向,或文化影响政治思想,两者之间互动关系的背后是知识分子精英与皇权之间的角色博弈。自西汉“罢黜百家独尊儒术”以来,这种“双星环绕”的文化生产结构更加稳固。在这个体系下,“文化”本身被打上了深深的社会等级和权力的标签,生产者可以大致分成三类:第一类是进入皇权统治系统的“士”，他们具有无可比拟的话语权力，知识的传播具有较强的天然优势，我们现如今所接触到的传统文化基本是这一类所生产；第二类是没有进入皇权统治系统的文化精英，流落民间，或寄情山水，或九问苍穹，或反抗统治体系，或剑走偏锋，他们大多具备相当的艺术成就，正可谓“国家不幸诗家幸，赋到沧桑句便工”；第三类可以称之为“民间集体创作”的文化产品，或俗语、谚语、民间故事、歌谣民谣等等，出自民间世代口口相传，他们虽从未进入过“主流”文化的视野，但其生命力较强，这些文化包含着最朴素、最全面的传统文化基因，成为我们社会代代相传的文化纽带，生生不息。这一类文化与第一类形成鲜明的二元结构。无疑，民间生产的文化适合通过口头传播维系传统的封闭社会结构，在自给自足的农业时代，它起了无可取代的促进人的社会化的作用。

从知识内容来看，中国传统文化主要在围绕着“伦”——维系农业社会秩序的重要概念。无论是皇权文化还是民间文化，抑或是不得志的知识分子，都脱离不了“伦”的讨论。皇权文化将“伦”定位于维系社会等级秩序、长幼尊卑的范围，如其所言可谓之“君臣父子之大伦”；民间文化对于“伦”的阐释更多落脚于日常生活化的实践，通过一条条俗语、故事来一次次验证、强化人们对于“伦”的认知，并激励在日常生活中努力实践；失落的文化精英们同样也摆脱不了“伦”的引力，尽管偶尔在其作品中能够窥测对于“伦”反抗的影子，但从整体上来看，他们反抗的不是社会整个制度，不是“伦”本身，而是“权力”的规则，这种反抗要冒很大的风险。中国历史上不乏因为“玄都观里桃千树，尽是刘郎去后栽”浪漫抒情而被贬、被禁，甚至被杀的惨痛教训。

无论从哪个层面来看，中国传统文化的生产、传播体系是稳定的结构，并且是一个交叉不多的“三环勾连结构”，它们共同圈定了在不同社会地位体系下的人群的思想意识。

2. 相见遇见：近现代的专业文化生产者的诞生

在讨论到中国文化近现代转型的时候，学者们更多关注的是“东西方化的融合”，而较少关注到近现代以来，文化的生产者其实与农业社会对比，发生了很大的变化。在农业社会时期，我们不能够将知识分子或者政治精英称之为专业的文化生产者，固然在古代有专业的学者和文化者，但是考虑到我们近五千年以来的文化特质是“阐释性”的文化，（对于经典原型文化不断优化、改进）他们更像是文化的传承者和改良者，绝少开创性的文化诞生。自董仲舒开始，到程朱理学，中国主流文化一直是以儒家经典为主线的不断改进。白马非马的思辨性思维是创新，王阳明的心学是创新，但他们都未进入到社会文化的主流。

我们现如今接触的文化体系，已经和传统有太多的不同了，这些新增的“异数”多为鸦片战争以后，近现代的“文化生产者”所创造的，新的生产者的出现，主要与三个现实原因密切相关：

第一，世界格局发生深刻变化，人类的知识体系也发生了深刻的变化。西方自从文艺复兴后，知识结构突破了中世纪“经院哲学”主导的藩篱，工业革命以后，自然科学的大发展也颠覆了人们对于文化的重新认识，西方优势文化借助贸易、战争的传播渠道流入中国，刺激我们传统文化必然对西方外来文化做出“反应”，从最早的器物层面文化的学习，进入到制度、文化理念层面的探索。

第二，现代化教育机构的设立，为培养专业文化生产人才提供了便利条件。晚清经历了鸦片战争之痛后，极力在物质、技术层面向西方看齐，在洋务运动过程中，设立专业的学堂为培养新型人才提供了基础，戊戌变法至民国初年期间，现代高等院校的设立速度大大加快，同时随着科举制度的废除，人才的出口基本涌向了现代化教育机构。除了政府主导的现代教育机构外，清末期间国外传教士设立的学校对培养中国近现代人才也发挥了巨大的作用，如燕京大学、东吴大学、金陵女子大学等。

第三，作为政治斗争的需要。清朝灭亡后，康有为的“保皇派”与“立宪派”之间爆发了激烈的文化战争：我们今天如何对待儒家文化？前者力主维护，并建议将其定为国教，后者则对儒家文化及孔子本身进行了全方位的批判。“五四”新文化运动中，以文学改良为导火索，引发了对“儒家文化”更大规模的批判和抛弃，白话文、现代文明戏等大量新鲜的文化知识涌现出来。清末民初发生的文化大站队，其实是政治斗争的需要，不同政治理念的冲突反映在文化层面引发了中国文化系统五千年以来最大规模的一次“扬弃”。如前文所述，中医与西医的优劣此时也被卷入其中，最终成为不同政见者的斗争工具。

大规模的专业文化生产出现，是在那个激荡的年代最大的文化现象，从他们生产的文本来看：最早开始是通过翻译、介绍引入西方现代知识体系，然后有系统地建立文化门类，或者是中西对比和激变，发表自身独有的文化见解。在这个过程中，又分为保守派和激进派的文化生产者。

在这一个时期，专业文化生产者们有了大规模的传播工具——报纸。民国时期的报业已经非常成熟，并且已经具备了较强的社会公信力。可以说，清末民初的中国文化，是一个万花筒，西方文化通过专业文化生产者进行改造嫁接后，通过报纸等工具向民众广泛传播，中国公众也第一次如此大规模接触到与自身经验、生存环境大不相同的文化系统（当然对民众来说物质层面的影响更大），也造就了到现在仍然影响我们词汇的“洋文化”：洋灯洋火，洋人洋气等等。

3. 万众生产：UGC 的革命

随着大众传媒工具的广泛应用,“专业文化生产者”们的影响力与日俱增,大众从未如此近距离地和文化生产亲密接触,也从未如此接触到多元交织的文化,对于中国民众来说:儒家的内核仍然存在,他们会将所接触到的新鲜文化纳入延续了几千年的理解系统进行消化。“专业文化生产者”带来的不仅仅是知识,而是一个阶层,一个专业依靠生产文化为生的阶层,一个依靠传播文化为生的庞大阶层,我们可以模糊的称之为文化精英。以中国本土而言,文化精英的社会影响力到了20世纪80年代达到了顶峰,虽然经历了十年“文革”的黑暗时期,但从总体来看,文化精英是近现代中国崛起的主流群体。进入90年代后,随着市场经济主体的确立,经济精英话语权超过了文化精英,文化精英开始走下神坛,但这种“下坡路”并没有结束,直到互联网的出现,传统文化精英们作为“专业生产者”的地位开始动摇。

互联网进入Web2.0时代以后,普通大众通过平台发表自己的作品、意见、观点、艺术品成为可能,并且获得了能够大规模传播的可能,UGC(User-generated Content,用户生产内容,也称UCC,User-created Content)文化生产模式诞生。随着网络不断发展,又细分出来两种生产模式:PGC(Professionally-generated Content,专业生产内容,也称PPC,Professionally-produced Content)和OGC(Occupationally-generated Content,职业生产内容)。前者是传统文化精英在网络平台的创作,后者则是机构主导的职业生产机制,如新媒体平台的记者、编辑、作家、职业段子手、漫画家等。

无疑,维基百科可以作为这个文化时代的典型代表。自2001年正式诞生以来,在十五年间,已经拥有近3900万个词条,每月有100亿以上的页面浏览量,每天增加7000篇新文章,每小时出现1.5万次编辑。数据显示,维基百科收录的数据由散布全球各地约8万名志愿编辑免费提供，使用 280 种文字。[1] 如此大规模的文化创作，很快引起了人们对于海量文章条目科学性、准确性的担忧。但是根据业界的研究数据表明，这种担忧是多余的，首先在维基百科上的生产人群和消费人群存在着固定的比例：

> 大多数人都永远不会去编辑维基百科页面。维基百科就像大多数社会化媒体或互动服务一样，遵循 90－9－1 规则，即 90%的用户将只需消费内容，9%的用户常规性地供应内容，只有约1%的人成为专门的供稿者。不过即使如此，人们编辑维基百科的次数仍然超过了 40 亿次，它的活跃用户也超过了12.7 万。[2]

根据前文数据，我们知道有超过 8 万名的编辑志愿者在无偿工作，面对庞大的用户人群，8 万名编辑还是很微小的一个群体，那么如何保证开放平台的知识生产的质量呢？以中国知名的虚拟问答平台“知乎”为例，从其上线推广开始，实行邀请注册制，严格把握问答的质量，提升了社区内高端、严谨、科学的社区氛围，但随着人群的增加，网民开始质疑知乎的内容质量下滑。无疑，人群的增加稀释了开放平台早先的严谨科学性，掺杂了许多信息的“噪声”。随着人群基数不断扩大，内容的主导发生了逆转：开放平台的生产内容逐步有了自我纠正和净化的机制，这种机制一旦启动，便能发挥强大的纠偏作用。

---

〔1〕数字引自搜狐公共平台文章，数据为目前可查最新数据，截止时间为 2016 年 1 月。http://mt.sohu.com/20160118/n434898628.shtml.

〔2〕引自腾讯科技文章，http://tech.qq.com/a/20110117/000108.htm。

普尔西弗曾一度拥有"维基百科之王"的美名，因为他编辑过超过10多万篇文章。为什么他会这么做呢？他解释说那是他的兴趣爱好。不错，总是会有人试图编辑娜塔莉·波特曼(Natalie Portman，女演员)的页面，说她就要嫁给自己了，也会有人给不喜欢的人编写虚构页面。但令人惊讶的不是这种情况的存在，而是它发生的时候非常少，而且这种错误被发现和纠正得非常迅速。[1]

无论从数量还是创造性来看，大众参与到虚拟空间的文化生产都远远超过了前互联网时代，这是我们当今文化生产的最大变化。用户参与生产同时意味着文化内容主体发生了转向：精英主导的主流文化逐渐淡漠，而且随着本土化、个性化、碎片化的文化形态喷薄而出。反映到文化现象，首先出现的就是对文化精英的解构：鲁迅、屈原传统文化标杆在网络上遭到了调侃、质疑，"杜甫很忙"系列漫画意味着公众在虚拟空间对传统文化的解读发生了很大变化，并且主流的解码框架遭到了破坏。随之，草根文化和精英文化之间的战争在网络上不绝于耳。我们可以将这个变化视作一场文化革命，无论多么强调其价值和意义都不为过。

但是在乐观的同时，我们也应当看到一组数据：

据2013年中国《社会蓝皮书》数据显示，在美国的Twitter上，仅占注册用户的0.05%的2万名精英用户，吸引了Twitter上50%以上的转发和评论；中国的新浪微博也有类似的情形，大约300位"意见领袖"掌握着议程设置，从而拥有着相当大的话

---

〔1〕引自腾讯科技文章，http://tech.qq.com/a/20110117/000108.htm。

语权，分割着政府的话语主导力。[1]

二、文化功用：从精神到结构

1. 家国情怀：精神的力量

与其他民族相比，中华民族的文化背负了太沉重的家国情怀和政治因素，“纯文化、纯艺术”的生存空间极为狭小，包括知识生产者本身，都怀有“为天地立心，为生民请命，为往圣继绝学，为万世开太平”的抱负，此时的文化心态可以说是一种“救世主”心态，民众对于知识分子也是敬仰有加。这也是中国能够在过去两千多年里独步世界的原因：当西方在黑暗的中世纪中慢慢探索的时候，中国已经开始用严谨的态度记录历史；当西方沉浸在阿奎那的经院哲学向上帝寻求一切帮助的时候，中国的文艺、书法、诗歌大爆发；当西方皇族宗室交叉通婚的时候，中国的科举体系已经非常成熟。可以说，传统的士大夫们高贵的文化心态对中国在很长时间内领先世界是有很大贡献的，这是人类进步的标志。

我们通常讲：文以载道。“文”并不单单指的是文学作品，它是一个更加广义范围的指称。此时的文化，更具有精神的象征意义，它发挥着两个层面的作用：首先是作为社会整合的思想纽带，维系着民族共同的价值观念和精神信仰，同时它也是维系国家机器有效运转的机制。通过不断强化儒家文化的正统性，对皇权的合法性、农民的义务责任不断定义并强化，奠定权力的法理基础。然而，中国传统的知识分子并不单纯沦为权力机器的零部件，作为知识分子的共同体，有着超越权力本身的文化理想和家国情怀的追求。这也是我们

---

〔1〕张可、王新婷：“自媒体时代政府话语权面临的挑战与对策”，载《人民论坛》，2014年8月11日。

文化传统中最为可贵的一点。

2. 机器复制：作为产品

法兰克福学派从诞生之初便将研究重心放在了探讨资本力量对现代社会文化的影响，他们的结论是非常悲观的，以其代表性人物阿多诺为例，在他眼中，文化工业并非自发成长的，而是遵循商品生产的逻辑，其最终目的为了牟利，结果却损害了社会的进步。

> 文化工业并不是从大众自身中自发成长起来的、服务于大众的通俗文化，也不是大众艺术的当代形态；而是为大众消费量身定制的、并在很大程度上规定着消费本身的文化工业产品，是技术化、标准化、商品化的娱乐工业体系，具有重复性、齐一性、欺骗性、辩护性、强制性特征。尽管它在某种程度上能够填充人们的生活，但本质上是为了经济利益（即利润）人为制造出来的。因而，它试图通过人为刺激的虚假消费满足给人们带来虚假幸福，但最终成为一种消除人的反叛意识、维护现存社会秩序的意识形态，从而阻碍了个性形成发展和人的解放。[1]

阿多诺的洞见十分深刻，就中国而言，存在着两种因素阻止文化退化成为牟利工具：一是强大的政治意识形态，不允许文化彻底被经济所主导，要求其必须贯穿主流政治价值观念，因此文化在中国存在着有限的“市场化”空间；二，中国知识分子具有高度的反思意识，对“文化—市场”的合谋异常敏感。但是这两个因素并不能完全阻止中国文化走向市场经济的“标准化商品”之路：电视在这方面起了极大的推动作用，中国绝大多数的观众在农村，电视是农民接触外界文

---

〔1〕该文是希奥多·阿多诺于 1963 年的论文《Rediscussion on the Cultural Industry》，王凤才译，《云南大学学报》（社会科学版）2012 年第 4 期。

化、与社会相接轨的主要途径，在有的地方甚至是唯一途径。近三十年来，电视是阿多诺所描述的文化工业的主要生产场所。改革开放以后，港台地区的流行电视剧、流行音乐大批涌入内地，国外非政治宣传的电视剧也被译制到中国，国民经历了十年的“样板戏”和“老三战”(《地道战》《地雷战》《南征北战》)艺术宣传后，第一次接触到了爱情、家庭伦理方面的文化作品，对于人本性的思索开始，于是在80年代兴起的诗歌热、弗洛伊德热、尼采热是一种回归，回归到作为“人”对文化、人类的一种思考。随着市场经济力量全方位渗透到文化领域，此时期的文化糟粕大量出现，人们对于“美”和文化追求的热情在下降，文化此时已经变成了世俗和生活化的工具。

3. 到人间：社会的生存结构映射

在虚拟空间，文化的世俗化和生活化趋势在加速发展。虚拟空间犹如一块大的银幕，社会的结构、思潮、文化心态均丝毫必现地投射在上面。1998及1999年，西祠胡同和天涯社区建立，立刻聚集了大量的网民，2000年后，“论坛”文化几乎颠覆了文化生产的结构，大量的写手诞生，网民在论坛的创作、表达一时间成为重要的文化现象。它们将四面八方、各行各业的人群吸引来，并且积极创作、辩论，成为了学者们窥测社会文化思潮的重要阵地。随着不同阶层、职业、文化诉求的人群碰撞，网络文化思潮开始形成并蔓延。

网民们的文化心态兼具破坏性和创造性：对于经典的解构、重新解读，二次元文化的出现都预示着网民文化心态发生了颠覆性变化，他们追求新奇、标新立异、蔑视传统，不再具有崇高的文化情怀，网民更不会从文化作品中去寻求家国情怀。此时的家国情怀甚至变成了一种被视作“迂腐、过时”的象征。以网络小说为例，玄幻、霸道总裁类型的小说广受网民欢迎，相反，诸如80年代的经典作品却遭遇到年轻一代的冷落。

网络文化可以被视作是民间自发生产的结果，但是这种生产并不具备自主意识，而是公众借助开放平台，进行文化创作的本能反应。我们自然不排除网络上存在着机构化和职业化的生产者（前文已经论述过 Web2.0 时代三种生产模式），然而其对网络文化的走向的影响力仍然需要谨慎评估。社会基本结构及文化体系，完美地投射在虚拟空间中，它并不是一种创造，而是一种社会现实。法兰克福学派所批判的资本、政治对文化操控的力量在网络上依然存在，它们此时失去了主导，成为舞台上的一员，并无力改变整体性文化生态结构。

三、不变的文化内核

任何一个成体系的文化，均存在着自身的文化内核，它集中体现在价值观层面，并不会随着历史变迁、社会结构的巨变而发生波动，具有超高的稳定性。无论工业化还是技术进步，中国文化的内核始终在发挥着其作用，并无明显的改变。本书尝试梳理出在虚拟空间，我们仍然存在的几种文化内核。

1. 经典与通俗的对立

“凡有井水处，皆能歌柳词”，这是后人对柳永甚至民间创作的肯定，殊不知作者当年承受着被排除在主流文化之外的苦恼。中国的文化体系一直存在着二元结构：雅与俗。

> 文人士大夫阶层产生，并成为占主导地位的社会文化的主体之后，“雅俗”才成了衡量文化艺术的重要标准。……他们为了使自己与一般的平民百姓“区隔”开来，于是极力打造一种“雅”的趣味，并且把产生民间的自然朴实的文化形式判定为“俗”。于是“雅”与“俗”就成为评价性的，具有重要阶级“区隔”

功能的价值范畴。[1]

2011年，中国相声界爆发了一场骂战：在网络上爆红的郭德纲与相声界权威姜昆就“雅”与“俗”开始骂战。郭德纲的走红，与网民密不可分，其接地气的段子和频频出现的网络用语迅速引起了网民们的关注，因为厌倦了模式化的相声表演，网民也纷纷表示支持郭德纲。这件小事背后，其实透露了我们文化领域一直存在的隔膜：通俗文化与雅文化是判断社会经济地位的标准。郭德纲在其相声作品中不断解构经典文化，抨击所谓高雅文化，两者之间是否存在着不可逾越的隔膜？

在互联网中，对雅与俗有了更加直白、明确的标签。“文艺青年”、“普通青年”和“2货青年”成了网络中区分彼此文化属性的玩笑称呼，在称呼背后，更多的是对自身文化内核的界定。在论坛或社交媒体中，也经常看到不同圈子对彼此文化属性的不认同，从而产生的所谓“伪文青”、“2B青年”等标签以及种种排斥的声音。这种人群文化属性的标签其实本质上是对古时“风雅之士”和“市井之徒”的一种继承。

不可否认，文化是有层次之分的，在传统话语结构中，文化高雅与庸俗一直是用来确定阶层界限的工具。

2. 与政治思潮紧密相随

历代以来，政治格局的变动及政治思想的调整，都会以文化思想为先声。中国历史上发生过若干次大的变法行动，每次变法都与儒家文化思想的重新阐释、话语争夺紧密相联系，这种传统一直持续到戊戌变法，此时维新派还是在对孔子思想体系进行改造，直到五四运动前，新文化运动才对儒家文化进行了全方位的推翻和重建。无论是对儒家文

[1] 李春青：《大众文化的雅与俗》，北京师范大学校报，2012年6月30日。

化的重新阐释和定位，还是彻底颠覆，都是政治变革的信号。新中国成立以后，历次政治运动的发端，都与文学、艺术的讨论、批判密不可分。改革开放以后，文学、诗歌、西方哲学、美学在文化圈异常火热，特别是诗歌甚至引发了全国全民范围的热潮，这与中国政治走向密不可分。

> 冯友兰引用了金岳霖的话说："中国哲学家都是不同程度的苏格拉底。其所以如此，因为道德、政治、反思的思想、知识都统一于一个哲学家之身；知识和德行在他身上统一而不可分。他的哲学需要他生活于其中；他自己以身载道……因此在认识上他永远摸索着，在实践上永远行动着，或者尝试着行动。……哲学从来就不只是为人类认识摆设的观念模式，而是内在于他的行动箴言；在极端的情况下，他的哲学简直可以说是他的传记。"〔1〕

在"内圣外王"的哲学思想之下，中国传统文化被打上了深深的政治烙印，并不断被知识分子所践行。我们现在应当思考：这两种不变的内核，在当代是否还有影响？存在着何种价值？它们会对文化的生产造成何种影响？

第二节　部落化社会形态下的文化特征

受后现代主义的影响，首先以史学为代表的学术界开始拒绝宏大叙事，放弃无所不包的理论体系，转而走向微观具体、日常生活化的叙

---

〔1〕原文出自冯友兰：《三松堂全集》(第6卷)，河南人民出版社，2000年，第13页。以上引用转引自吴晓蓉"冯友兰'内圣外王'的现代价值探讨"，《人民论坛》(2011年第2期)。

述。这种思想迅速影响到了文化生产体系。由于特殊的政治及历史环境，中国文化受后现代主义思潮的影响一直是交替进行的，并且始终没有出现大规模的微观转向。即使到了改革开放之后，宏大叙事仍然是主流追求目标。1984年，中国掀起了“现代化”学习热潮，外来前沿的人文社会科学思潮逐步进入学者的视野。随着市场经济地位的稳固，社会多元化的力量促使宏大叙事已经逐步失去了文化市场。

进入“部落化社会结构”时代，微观日常化的文化占据了绝对主流，除此之外，部落内开始了“亚文化”的宏大叙事建设，人群之间接触的文化差别日益扩大，形成了多姿多彩的部落性文化丛。从社会整合的角度来看：在这种文化生态环境中，应该构建如何的社会文化枢纽，确保社会群体不会出现疏离，我们该如何确保部落间的文化交流？要回答这个问题，应该首先考察部落化文化的特征。

一、作为桥梁的虚拟空间的边缘人

1. 社交媒体与文化区隔

2009年8月，新浪微博开始内测，随后在短短1年的时间内，短短140字的个人化表达风行全国。它的出现，是具有文化生产里程碑的意义，个人化、碎片化的网络叙述正式进入了人们的日常生活。在论坛时代、博客时代，个人化的叙述虽然早已经存在，但是从影响规模和生产体量来看，远不如新型的社交媒体。不可否认，社交媒体的个人化叙述并非一开始就是公众的自发行为，以新浪微博为例，文化名人、明星的引领作用占据了很大因素。

从表面上来看，我们不能够将个人的喃喃自语称之为“文化”，更不能将情绪化、宣泄性的非理智行为称之为个人化的生产。社交媒体出现后，就像一张细密的网格，将不同人群所能够接触的文化进行了隔离。固然，人们的交往视野扩大了，社会结构中心节点消失了，趋于扁平化，但是文化同时也随之更加碎片化，这是因为个人所嵌入的社交网络严重制约了个人能够接触到的文化。微信诞生之后，这种隔离和碎片化更加明显，以熟人圈为主要接触渠道的文化传播结构，不断强化部落人群文化的同质性。

最典型的例子，就是网友们所调侃的“世界上最远的距离不是天涯海角，是你在看乡村爱情故事，而我在看北京爱情故事”。虽然为调侃，从此可以窥视我们生活在一个由社交圈子决定的文化视野中。如本书前文所论述，个体的交往圈子扩大了，因此从历时角度来看，个人所接触的文化视野也在扩大，而个体之间的文化视野差别也在加剧。从部落化结构视角来看，每个人都成为了跨越不同文化群体的边缘人。

2. 文化的“边缘人”

芝加哥学派的罗伯特·E. 帕克于1928年发表论文《人类的迁移与边际人》，第一次正式关注生活在不同群体文化中的边缘人物，帕克将这种文化混血儿视作比较有理性、客观公正、视野开阔的新人类，帕克认为这是人类的财富。与齐美尔关注的“外来人”概念不同，帕克更多将边缘人指向了社会历史发展的进步。周晓红在考察了具有中国特色的文化变迁后，将边际人分为两种形态：

> 第一是处在两种社会形态的转折点或者说是两种时代交界处的特定人格，就像当年恩格斯称但丁是“中世纪最后一个诗人和新时代最初一位诗人”，这是所谓历时态边际人；其二是处在两种文化接壤处的特定人格，他们由于国际联姻、出访、留学、移民等原因而生活于两种不同的文化中，因此又称共时态边际人。[1]

〔1〕引自《社会学与中国社会》，李培林、马强、马戎主编，社会科学文献出版社，2008年，第461页，该论述思想最早出自周晓红1997年的专著《现代社会心理学——多维视野中的社会行为研究》，上海人民出版社出版。

与此同时，叶南客认为：中国边际人的出现，是一种积极走向，他们身负不同的中国文化和西方文化，是现代与传统的交织，在这种结构下，形成了“二元人格”。[1]

无论是共时态的边际人，还是“二元人格”形成的逻辑，都是基于中国文化持续了一个多世纪的“现代化”进程的论述，这个进程有两个主要的推动作用：全球化和城市化。全球化进程自鸦片战争就已经开始，不过其中间进程并不是延续性的，而是在陆陆续续进行中，直到跨国公司和大众传媒文化涌入中国后，才进入了快速全球化的浪潮中。中国的城市化对于文化冲击发生时间则更晚，芝加哥学派在 20 世纪 90 年代就观察到了“边缘人”的出现及其巨大的社会影响，但这个现象直到三十年前才在中国出现。虽然新中国成立后我们城市化进程一直未停止，但当时的城市化进程是在统一的政治思想主导下进行的，并非市场经济的自然发展而成，“边缘人”并无出现的空间可能，政治主导型思想及文化统一了城市外来人口及本地人口。

总结一下，先前学者们所关注的“边缘人”具有如下特征：首先肯定其出现是社会的一个进步，交织文化打开了人们的视野，加速了现代化进程；第二，人们的社会心理结构发生了很大变化，兼具“传统—现代”的特征。目前对边际人的研究主流是从社会心理学的视角出发的，如果从文化传播的角度来看，“边缘人”的特征和意义更复杂。

就中国而言，“边缘人”大规模出现的机制是“城乡二元结构”导致的，1980 年后，大规模的人口开始涌入城市，他们的身份角色刚开始定位很清晰——打工者，被媒体和学界称为“农民工”：既具有农民身份，又有产业工人特征的人。随着城市化进程加速和城市文化

〔1〕叶南客：《边际人：大过渡时代的转型人格》，上海人民出版社，1996 年。

生态发展，这批人发现很难融入到新兴城市文化中，同时家乡又成为了文化寄托的家园，这个原因主要是户籍制度管理对人群管理造成的巨大区隔。一方面是传统农耕文化带给农民工的文化遗产，他们遵循着传统家庭伦理的朴素文化规则，同时又一方面吸收外来的新鲜文化，其实农民工群体充当了“现代—传统”文化之家的交流桥梁，所以从这个角度来看，他们是具有帕克所认为的进步意义的。

3．虚拟空间的边缘人

首先，虚拟空间的边缘人具备着帕克所描述的“传统走向现代”的特征，也具有叶向南所描述的“二元心理结构”，除此之外，虚拟空间的边缘人具有更为细致的划分：个体更多嵌入多种亚文化群体，在多种亚文化群体中穿梭徘徊是当代人的显著文化特征，他们身上所背负的文化越来越多，碰撞之间形成了“个人化”的文化心理结构，这与传统学者所关注的社会整体性结构不同，虚拟空间“边缘人”的分化更加严重，我们无法用统一的理论对其进行区分。因此，我们更倾向于提出“个人化的文化”这个概念：它不是社会整体思潮对个人的影响，不是历时性变迁的表述，而是多种亚文化多重交织的产物。

从信息传播模式来看，虚拟空间的“边缘人”意义重大，与传统的意见领袖和人际二级传播机制不同，社交网络传播的核心是在于跨越多个网络的“桥节点”，这个桥梁是信息的主要通道。“边缘人”恰恰充当的就是这样一个重要角色：游走在不同的亚文化圈，将部落文化传播至不同层次的人群中，且极大突破了时空限制。所以，我们更希望从“信息传播”角度来探讨当代“边缘人”的价值。再往深处挖掘，我们可以洞见很多有前沿特征的学术话题：谁是积极自我表露的传播者，谁是群内的“懒惰者”？在文化传递的过程中，个体的主体性文化如何形成的？不同圈层内的文化解读权如何确立？它们的影响范围如何？这些问题，本书无力一一解答，作为一种新型的文化生存模式，虚拟空间的“边缘人”无疑有着太多的未知。

二、部落亚文化的重叠和交织

“个人化的文化”与威尔曼提出来的“个人化社会网络”有着内在密切的联系。社会结构的变化是大一统的宏大叙述消失，走向碎片化、部落化文化的基础和前提，但是只有这一个前提不足以形成“个人化文化”格局，只有在社交媒体的出现和UGC生产模式出现后，它才真正的成为社会文化的主流特征。无论是传统时代知识精英的文化生产，还是专业文化生产者主导的大规模生产，都会被整合到社会政治、经济主导的话语体系，从而形成全国、全民共享的单一文化结构。因此，我们应当重视大规模社交网络的作用，它们开放化的平台和文化结构模式，对前两种模式产生颠覆式的影响。当然，目前其影响范围还是萌芽状态，但是预示着未来发展的方向。

1. 部落化与全民共享结构

如上所述，我们提出应当重视大规模社交网络对于文化结构的影响，它既是部落化文化的催生者，同时又是融合统一社会的平台。这看上去似乎是一个十分矛盾的议题：一方面社交网络在撕裂文化整体结构，另外一方面又重塑制造出统一文化体系，为部落文化提供了融合、交流、冲击的渠道，在破坏与建立中产生悄无声息的颠覆影响，其发生的具体机制可以分为以下几个方面：

其一，大规模社交网络不仅仅提供了多元的信息流通渠道，同时也是多元渠道的统合者，通过不断地议程设置，确立当前文化焦点，从而引起社会公众的广泛关注，相比传统媒体的把关人而言，它的议程设置功能更为强大，并且影响广泛。

其二，从受众心理角度来看，当个体面临着复杂的信息选择时候，会倾向于“从众”行为，即不断吸收机构、平台的所设置的文化议题，当从众范围扩大到全民时，被人为制造的所谓“主流文化”已经引起了关注风潮，掌握了绝对的话语权力。

其三，随着全球化的深入，国际文化间的交流增强，特别是在虚拟空间，以美国为代表的强势话语通过影视等文化产品畅通无阻，特别是具有全球影响力的大规模社交网络，其对文化的统合力量更是非传统媒体所能并肩。

基于这三个逻辑，在网络时代，文化的统合力量并没有消失，只是它统合的主体和机制发生了变化。我们并不认为互联网平台具有很强烈的意识形态色彩，真正能够主导文化议程设置的是“强势的亚文化群体”，它们在特定的群体内达到广泛认同，并通过社交网络扩散到公共领域，并被其他亚文化群体认识、接受并认可。在以前，主流文化有相对的稳定性，但是在网络时代，主流文化的形成和发展速度十分迅猛，并且存在着较多的不确定性因素。不同“部落”在争夺网络文化话语权力的同时，其实也在不断增强族群内的文化认同，从某种意义上讲，它是对现有部落结构的强化和再生产。

2. 文化对部落结构的再生产

2008 年后，借助北京奥运会延续的热潮，网络上兴起了大量的“长跑”群，并在线下开展丰富多彩的活动。近几年来，网友们指出“长跑”已经成为了中产阶级的“宗教”。除了网络上诞生的长跑文化外，还有以迷笛音乐节为代表的摇滚文化(90 年代的摇滚文化在网络上又获得了重生)，以豆瓣为代表的文学电影小资文化，以果壳、科学松鼠会为代表的科学求真文化，以马蜂窝为代表的穷游文化，以虎嗅为代表的 IT 创投文化等等。这个名单会开很长，每一类文化族群背后，所代表的都是数以千万人的“文化部落”。

这些亚文化部落，都有机会进入到公共领域视野，并在短时间内成为全民聚焦的文化热点。美国艺术家安迪·沃霍尔对此早就有过预测：在未来，每个人都有15分钟成名的机会。如今我们可以观察到：每一种亚文化群，都有15分钟成为全民焦点的机会。社交网络好像为部落文化提供了自我展示的舞台，舞台之上是不断上演的文化热点和风尚，舞台之下则是社会结构对文化竞争的自然选择。在这种循环往复中，强势的部落文化得到了加强，并且可以借此可吸纳更多的成员，相对话语权较小的部落文化走向边缘化。因此，我们可以将社交网络视作文化舞台的同时，更应该深刻认识到它也是很重要的社会结构再生产的机制，在悄无声息中不断重塑部落结构。

按照这个逻辑思考下去，社会支柱性文化是否会彻底消失？取而代之的是不断循环往复的亚文化轮流表演？弥合社会群体的文化机制是什么呢？针对这个问题，本书将在第三、四节，深入讨论亚文化群体间对话语权力的争夺，并且分析其内在的整合机制。

三、部落内的文化炫耀

我们提出部落的文化“炫耀”，并非是凡勃仑“炫耀性消费”在文化上的注解，相反，文化的炫耀并不是全球性问题，它有着深刻的中国本土背景，特别是借助社交网络，文化的炫耀成为了全民风尚，它更多呈现的是中国本土文化发展的一个历时性状态，具有全民性的特征。

1. 文化炫耀的本土背景

“文化炫耀”是一种社会心态，同时也是”消费“文化的一种方式。这种社会心态小到个体，大到一个国家和民族，都多少存在。近现代中国遭遇到的巨大历史变革，使国民心态烙上了深刻的民族文化自卑感。直到民国初年，国民识字率很低，作为主流媒体的报纸虽然在当时已经很发达，但在中国社会文化推进过程中，它并不像西方报业一样起到了极大地推动作用，因为国民读不懂报纸，必须依靠知识分子读报这种二级传播模式来获取信息。长期以来，知识文化对于普通公众来讲，是一件十分遥远的事情，并且与自己的生活毫无关系。费孝通先生在观察“文字下乡”中发现：并不是农民智力不足于学习，而是文字对于现实生活作用不大，因为有口语作为交流工具。“口语”创造的文化是不足以进行“炫耀”的。作为“特权”和少数阶层共享的文化，与公众处在隔绝状态，在中国文学作品中，时常可见知识分子对农夫的“炫耀性”对话，或调侃、或嘲讽。

1949年后，政府开始大力推广简体字，并开始在农村地区展开大规模的“扫盲”运动，很大程度上提升了国民的文化知识水平，但是新中国成立后的历次政治运动，又将文化的层级扁平化：一切文化由全民统一思想的政治纲领所取代。改革开放后，文化领域开始复苏，诗歌、哲学、流行音乐成为新兴青年的文化标杆，并演变成为身份象征的炫耀。进入90年代后，市场经济的力量将文化炫耀的现象冲击得荡然无存，“知识无用论”弥漫全国，大家关注的是效率优先、金钱优先的市场规则。经过十多年的超速发展后，国民开始重新关注文化的价值，“国学”此时成为了炫耀性消费的典型代表，因此在2000年后流行全国的国学热不得不说是我们在物质迷茫之后所看到的能够自我标榜的文化稻草，但是这股热潮很快被经济绑架，成为牟利工具。

社交媒体兴起后，文化的碎片化和易得性，使得大量的心灵鸡汤、网络段子风行网络。个体在不同部落中，为了获取部落的认同，无意中在获取、传播与部落特征相符合的文化信息，至此时，“文化炫耀”进入了一个新阶段：针对不同群体的文化炫耀，并且从内容上看大多为碎片化、感性的速食文化。“部落内文化炫耀”体现了当前公众的文化心理：面对海量的文化信息，自然选择具有惊悚标题、内容易读、有强烈群体特色、混杂流行性用语的碎片文化，通过在社交媒体上的转发、分享完成自我文化身份的标榜，不断强化社会的认同感。同时，从宏观环境上来看，经过三十多年的超高速发展，中国基本完成了物质层面的满足和积累，对于文化层面的需求在急剧上升，此时的"炫耀"是一种国民在文化上极度空虚却又渴求快速掌握文化的反映。

2. 炫耀性文化的类型

提到炫耀性文化的类型区分，星巴克在中国白领阶层中的文化认同可以视作一个典型案例。由于历史原因，"咖啡"从进入中国以来，就带着超越饮品本质的文化内涵：它是社会阶层的象征，同时也是文化的标记。在星巴克喝上一杯咖啡，看书、谈事情可以视作白领精英阶层的生活"标配"。在虚拟空间，文化的炫耀超出了物质消费的本身，呈现的形态也多种多样，以微信朋友圈为例，可大致分为三类：

边缘文化、小众文化的炫耀：多以高层知识分子为主，以哲学、社会等主题为主，充满了对主流文化的排斥和反思，且多以炫耀"国外学者"为优先选择；

对社会的批判文化：批评社会现象，借用名人、借用经典对现实进行解构批判，树立特立独行的形象；

对高尚品位生活的炫耀：多以白领等中产阶层为代表，通过"晒"高尚生活的理念、饮食、服饰、书籍借以区分自我与"大众"的品位。

这三类人群恰恰充满了文化的不自信和追求渴望，希望在多元化社会得到自我文化身份的认同，通过不断地"炫耀"来确定文化的存在感。

在网络及现实生活中对青年作家郭敬明的质疑屡见不鲜，其质疑的主要原因就是郭在其文学和影视作品中，对奢侈生活和拜金主义的向往。

朱大可所诟病的《小时代》系列奢靡之风，包括 4000 元一个水晶杯、数千件囊括 Gucci、Fendi、香奈儿的奢侈品牌服装，以及宾利、法拉利等豪车，“看起来好像是几个女孩子打工励志的故事，但是实际上是在炫耀那只水晶玻璃杯子”。[1]

试分析郭敬明的文学作品，在文章中可以看出其作品字里行间中对高品质生活的炫耀。

顾里接过空姐拿过来的不含酒精的石榴鸡尾酒，一边喝着，一边翻着包里的 LA MER 喷雾往脸上喷。……电话里顾里的声音听起来胸有成竹，并且充满了对我的轻蔑，“听我的，现在去我房间，拿一条爱马仕的羊绒披肩把他包裹起来，然后塞一个 LV 的钱包在他手里。”[2]

3. 文化炫耀与消费

除了个体通过文化炫耀确立自我的定位外，我们应当认识到：文化消费背后有经济力量的推波助澜。大量的商业机构通过营造群体的文化认同，不断在制造新的文化主义。在第四章中，我们提到了“轻奢”的商业营销模式，“轻奢”文化本身就是商业制造出来的文化体系，但是它与文化消费是紧密相联系的。消费“轻奢”产品的个体，其背后是一整套的文化认同模式：他或她可能喜欢美剧，可能会去购买高端杂志，认同星巴克文化并不断践行，喜欢“小而美”的东西，排斥拒绝主流媒体的宣传，可能不会去阅读路遥的《人生》，而更喜欢

[1] 林春茵，人民网，http://culture. people. com. cn/n/2014/0608/c22219-25118284. html。

[2] 郭敬明：《小时代 3.0 刺金时代序章》，长江文艺出版社，2011 年 12 月。

法国的小说、日本的漫画、韩国的电影。

就目前而言，我们可以观察到；商业机构对于炫耀性“文化”的制造已经渗透到了产品生产本身，特别是大数据商业模式兴起后，经济更有力量能够大规模、系统的制造供消费者“可炫耀”的文化产品。

在这种消费中，消费的目的也不仅仅是物质的满足，而上升成为了精神层面的认同感和归属感。

> 凡勃伦区别了炫耀性消费的两种动机，即歧视性对比(invidiouscomparison)与金钱竞赛(pccuniary emulation)。前者指财富水平较高的阶层通过炫耀性消费来力争区别于财富水平较低的阶层；后者指财富水平较低的阶层力图通过炫耀性消费来效仿财富水平较高的阶层以期被认为是其中的一员。[1]

奢侈品的出现，很大程度上依靠了商业机构的制造。奢侈品本身并非生活必需品，但其被塑造成了品质、地位、财富的象征，奢侈品消费更大程度上在于满足自身社会地位的认同感，同时也存在着文化炫耀的主观原因。而随着大众对产品的认同，其产品本身就成为了文化炫耀的消费品。奢侈品品牌香奈儿(Chanel)将品牌定位为高雅、品质与时尚的融合产品，并将这种理念传承了百年，成为了国际知名的品牌。其产品，无一不被企业赋予了品牌文化的定位，带动了对该品牌文化的消费。

2012年后，互联网创业机构兴起的“逼格”文化更能说明问题。逼格，是biger的谐音翻译，最早是苹果推出iphone6时的宣传用语，但是在网络空间被演化成为具有“格调”、品位的产品或者事情，或者

〔1〕邓晓辉、戴俐秋：《炫耀性消费理论及其最新进展》，《外国经济与管理》，2005年。

人，与芸芸大众所区分。它迅速被各大创新创业公司所采用，强调自己的服务、产品“具有高逼格”，同“轻奢”文化一样，塑造了一系列的商业文化。我们不能忽视这样一个看似无厘头的现象，它体现了商业的力量对炫耀文化的系统性制造。

第三节　部落话语的构建

我们在上一节讨论了部落亚文化与主流文化之间的竞合关系。在本节中，我们将梳理出当前两种文化之间话语争夺的领域，借此探析部落文化话语在公共空间的建构模式。

当前中国的部落文化形态十分复杂，从总体上来看，它们之间存在的区别和根本差异，是由于中国社会转型期所独有的文化现象，在转型冲突中催生出来形态多样的亚文化群。从宏观冲突和结构转型来看，大致可以分为几个领域：首先是草根与精英文化的对立，最为典型的代表就是网民与文化精英对历史的重构和解读；第二，公众与政府主导的主流文化之间的契合与偏差共存格局；第三，现代与传统对立的文化思潮观念；第四，宗教文化在网络空间内的族群生存权力争夺。从这几个层面，我们大致可以梳理出不同部落话语争夺、构建、冲突、融合的基本脉络。

一、历史解读空间的二元结构

前互联网时期，我们可以讲中国的历史文化看做是“大众消费品”，因为公众与历史的接触在于其被改编过的文化史实、历史观点，被包装成为片段性的文艺作品。在虚拟空间，这一现象得到了延续，但同时公众开始重视自身对历史的解读权力，并通过形式多样的文化实践，形成了独具特色的“历史民间解读”文化，与传统的精英文化形成鲜明的二元结构。

1. 草根叙史的兴起

可以说，2000年以来中国老百姓对历史的认知，大多是通过文艺作品中得到的片段化知识。通过评书口口相传经典的历史片段，通过戏曲再现当年历史事件。然而这些演绎是人为制造的当代历史。互联网出现后，历史细节和信息呈现出与之不一样的系统：大量的历史真实在虚拟空间中被网友呈现，这些真实事件与我们之前所认知的大有不同，与政治力量主导的历史认知、学界坚持的主流观点存在差异化解读。近十五年来，对历史文化的解读权，一直是网络上惊心动魄的话语争夺战。自BBS诞生以来，草根叙述历史一直不绝于耳，直到网名为"当年明月"的《明朝那些事儿》在网络上逐渐火爆，继而引发线下出版奇迹，网民"戏说历史"的文化运动进入高潮。一时"那些事儿"体系的历史作品大量出现在网络上，比如"民国那些事儿"、"清朝那些事儿"等等。2004年，网名为"十年砍柴"的作家凭借《闲看水浒》成为网络关注焦点。它们以平民化的语言、个人体验的视角、多元化的价值观、调侃幽默严肃并存的语言风格很快征服了广大读者，让人们体验到一种从未有过的历史体验感。有学者认为：

> 草根史学的兴起，是互联网改变中国的一部分：大量原来孤独的草根历史爱好者，因为网络论坛而产生规模效应；原来藏在宰府秘不示人，价格不菲的历史资料，因为互联网而变得很廉价、易得、普及，这使得历史知识不再被专家所"垄断"；网络视频、传统媒体、新兴书商助推了草根史学崛起。[1]

[1] 沈彬："'草根史学'的功与过"，载《东方早报》，2009年9月10日。

草根叙史并不仅仅满足于文化创作的表达，对于公众而言，也不仅仅是廉价免费的文化消费，更重要的是：它对“典雅史学”产生了话语意识层面的冲击，最为典型的就是网民们轰轰烈烈的“史实还原”运动。就目前而言，“历史还原”网络运动在全面深入发展，它深刻影响了公众对历史的再认识，重塑了公众的历史观。

2. 虚拟空间的“历史还原”

薛平贵到底是不是真实历史人物？三年自然灾害到底饿死多少人？在信息充分公开的时代，网民们对于历史的真相追问成为文化必然现象。我们以往的历史真相往往被政治需要所遮蔽，公众所能够触及的历史真相是被虚构出来的“拟态环境”，为当代政治所服务的。中国虽然史学源远流长，公众具有深厚的历史情结，但对史学的信息披露解读并无本质进步。而网民在虚拟空间的“还原历史真相”文化行为，却在悄无声息地改变这种现状。

从内容上来看，网民对历史的追问和反思主要可以分为以下几类：

> 通过数字、实证来推翻已有的历史定论和人们心目中的刻板印象，进而为某段历史、某个人物进行再认识、再定位；
>
> 通过推理、逻辑分析，探究历史真相及事件根源，这一类契合了网民探寻隐秘的心理诉求，将大家“带入”历史现场，具有很广泛的受众市场；
>
> 运用现代理念、观点对历史重新解读，通过现代社会的权力、经济运作逻辑来分析历史事件或人物。

除了以上三种类型以外，还有耸人听闻的戏说型历史创作，不在本书讨论范围内。分析这三种历史还原的文化创作，我们可以洞察出：在虚拟空间，信息完备性和易得性使得公众能够掌握基本史料，公众逐渐有了对历史自主解读的意识，这种解读的话语空间与传统史学精英的解读领域完全不同。草根中的“文化精英”在自己的写作中，代表了公众的心理诉求和寻求新的历史解读角度愿望。

当然，我们并不能够用满心期待、赞扬的心态去看待这种新文化现象，无限地将历史娱乐化，并进行全方位的调侃，最终会导致网民们的“历史虚无感”，用现代社会理念、市场经济逻辑解读任何一段历史，都必将会有重大遗漏和历史错位。从长期来看，草根和精英的文化权力博弈将持续很长时间，对历史的再解读，无非是大环境中的一个小折射，文学、哲学、经济学、法学无一例外都碰到了同样的境遇，我们应当抱着欢迎、谨慎的态度来看待文化现象，从宏观的社会进步意义来评估它，并有效引导其进入良性发展。

二、政治话语与部落文化冲突

费孝通先生认为：皇权与绅权分治是历史中国宪制的特点，“皇权不下乡”是一个很重要的特征，但是农耕社会中“齐家”十分重要。[1] 沿着这一定论继续深挖，“齐家”的中介性力量其实是强大的儒家文化，在农耕社会的乡村，社会依赖的是包含着儒家伦理道德的文化共同体作为统合的纽带。新中国成立以后，通过政治运动将儒家文化及乡绅阶层消灭掉，政治话语的触角开始伸向整个社会。在网络空间中，同样存在着类似的现象：政治语境下的文化很难被部落文化所容纳，在这两个相对的文化场域内，有冲突和融合，并且正在衍生出来独特的中国政治文化结构。

---

〔1〕吴晗、费孝通：《皇权与绅权》，天津人民出版社，1988 年。

1. 从统帅到共生

新中国成立以后，政治话语及其思想深刻地影响到了文化创作，在“文革”时期达到顶峰。在“一切以政治挂帅”的主导思想下，文学、电影、绘画、曲艺，乃至建筑都受到了全方位渗透，文化成为政治思想统帅下的注脚。改革开放后，以大学生群体为主力的文化青年率先对政治统帅文化进行了抗争，从追捧港台流行音乐、国外译制电影开始，极力挣脱政治话语下的文化作品。他们在当时，可以看作是一个大的“亚文化”族群，并且拥有强大的创造能力和话语权力，政治话语在文化领域开始有所松动。进入 90 年代后，市场经济再一次催生了政治语境之外的文化，全国兴起出国热，大量外企进入中国，共同构建了以“白领文化、小资文化”为代表的经济文化语境。他们可以被视作第二次增量文化的创造期：此时青年政治学习热情下降，对现代化工业产品、奢侈品追求欲望上升，对国外影视作品、流行文化极力追捧，政治对文化的统帅到此结束，出现了两种语境并存的格局。

在网络空间，文化的多元化趋势已经成为不可逆转的现实，“二次元文化”、“恶搞”、“屌丝文化”喷涌而出。同时政治话语也在虚拟空间得到了重建，新型的政治宣传平台大量建立，灵活多样的政治思想宣传形式也大量出现，极大推动了当代政治文明的建设。从社会管理角度来看：政治意识形态对 80 年代与 90 年代的文化裂变，持警惕、批判态度，对于新生文化现象并不接纳。随着社会的进步，政府对文化领域的管理理念也在发生重要转变。从改革开放前，一切均要主导的思路，到开始引导、尊重新生文化，不能不说是一个巨大的进步。

2. 部落文化对政治话语的抵触

在网络空间中，政治话语和部落话语之间的契合度不高。文化作品是话语表达的最佳载体，两个载体之间能够形成对话、认同的机会很少，通常是在碰撞中形成新的政治文化。部落的文化对于政治话语是较为排斥的，即使触及政治话题，也是条件反射式的抵触情绪。从话语角度来分析，虚拟部落的文化有以下几个特征：

追求形式上的自由与个性，有个人化的口号和部落文化基因；

部落自造文化是主导，话语结构封闭，并且具有强烈的部落色彩和标志；

共同认同和共同抗拒是部落文化的精神纽带，并且部落有强烈的话语表达诉求，在某种意义上，其排斥行为本身也是一种表达。

以上特征也是具有政治话语诉求的部落文化特征，在现实中，有大量的部落是与“政治”绝缘的，特别是以“趣缘”为纽带的部落。2014 年，腾讯手机版 QQ 推出基于兴趣的公开主题社区“兴趣部落”，它让拥有共同兴趣标签的 QQ 群实现了打通和关联，在网民的自主行为下，形成了数以万计的兴趣部落。但通过对其实际观察及内容分析来看，与政治话语基本处于绝缘状态，也是政治主导的文化所触及不到的空间。新生代的文化部落，对于政治话语敏感度极低，政治话语在文化领域的表达不能够满足他们对新鲜事物的理解和认同。

中央电视台曾经推出以“你幸福吗?”为主题的街边采访，因为一个采访的花絮引起了网络热议，记者问街边一位先生：“你幸福么?”该男士回答“我姓曾”，该事件由此在网络的文化部落得以引爆。但反观政策性的政府话语，却丝毫不会影响到部落的日常沟通，更多时候反而容易引起其抵触情绪：2016 年的“雷洋”案件，在网络中引起了轩然大波，尽管警方再三强调将依托第三方机构进行尸体鉴定，但绝大多数网民仍然对政府部门的表态表示质疑和猜测。

新京报新媒体对“雷洋案”的报道[1]

这里并不探讨案件的双方过错，仅就政府层面的通报和网络部落的言论进行分析。从新京报新媒体发布的微博长图来看（长图数据来源于今日头条算数中心、知微传播分析），政府发布的通报获得了非常大的关注和转发，但网友对通报内容的反感和质疑却占据了

---

〔1〕新京报新媒体，《雷洋案，网友如何“推波助澜”?》，第646期【图个明白】。

评论的主要地位。可以说，在本次政治话语与部落话语的接触中，双方是在自说自话，并且都对对方的话语（观点）存在着抵触和抗拒的姿态。

> 山羊月[1]与雷洋是同学，目前是博士（生），雷洋事件能在知乎得到大量关注，与他的知乎大V身份密不可分。而他的大V身份是他利用自身知识和思想回答知友问题，而逐渐赢得认可并积累起来的。山羊月在文末表示："我愿意用我在知乎730多天298个答案十万个赞同积累下的这一点真诚，换大家一次信任，还雷洋一个公道，好吗？"培根说："知识就是权力"，在这里有非常好的体现，知识换取的是话语权、号召知友传播的权力。[2]

在此事件中，知乎就可以被看作是一个以知识为核心的部落，而"雷洋案"不断的发展和变化，本质上其实也是政治话语与部落话语之间互相碰撞的结果。

3. 话语契合的标本："抗日神剧"

政治话语与虚拟部落并非完全无交叉重叠之处，在中国特殊的社会文化环境下，二者之间能够寻求到某种契合点，而这个契合点有可能是整合社会的最佳载体，也有可能催生文化怪胎。"抗日神剧"可以说是文化市场和政治话语之间形成的一个典型契合。一方面，文化消费市场上有大量的公众希望能够从荧幕上看到民族的强大和对历史的参与感，同样，政治话语也希望能够通过它获取社会的凝

---

〔1〕山羊月，知乎大V，发表文章《愿以十万赞，换回一公道》（被删除）。

〔2〕百度百家，《为什么知乎会成为"魏则西""雷洋"等事件发酵温床》，http://xmtzs.baijia.baidu.com/article/455768。

聚力。

“抗日神剧”在新中国成立以后，就有了很强大的受众基础，公众希望能够在虚拟的文化作品中体验无所不能的自我精神慰藉。在最近十年以来，抗日剧产量一直处于高峰状态，并且人物形象、战斗场面、对白都出现了“去严肃化”的趋势，极大迎合了市场的口味。随着影视技术的发展和大众口味被无限提升，抗日剧最终走向了极端，在种种荒诞、不可思议的表达方式中，引发了网络空间和政治话语的双重不满，最终导致政府出手整顿抗日剧，公众开始拒绝、调侃、讽刺“抗日神剧”的种种雷点。

类似于此的文化契合还有很多，正如前文所言，要么是能够弥合、沟通公众和政府的新文化载体，要么是文化怪胎。正如“抗日神剧”同类性质的文化媾和，必将走向消亡。

三、现代与传统：代差的文化际遇

如前文所述，我们当前文化空间是现代和传统交织的复杂场域。文化的现代性并不是一个简单的“代沟”问题，其还涉及到传统文化在当代生存的空间，涉及到个体身上所存在的传统与现代的纠缠；还涉及到碰撞下的社会文化的撕裂。在早些年，网络上流传一段有趣的问答：“为什么网络上的恶婆婆越来越多？”回答是“儿媳妇会上网，婆婆不会上网”。由于近半个世纪以来社会巨大变革，中国代际文化裂痕已经十分惊人，而互联网技术使用的代际不平衡，又放大了这种代际文化冲突。这种冲突最明显的聚焦点在于“传统”与“现代”之争。传统中国文化的内核，以家庭伦理为轴心构建起来一整套人际关系法则，是一种“熟人文化”，现代文化内核则是以契约、游戏规则为轴心建立起来的群体生存法则，是“陌生人文化”。

1. 传统文化的部落再生

无疑，网络空间为传统文化提供了再生的巨大空间，这个空间并不是受众市场的增强，而是其变化发生的形式发生了巨大变化。

在传统文化的部落网络再生的案例中，汉服复兴运动是一个很好的例子，线下汉服爱好者的活动，通过互联网开放的平台，已然将传统文化的爱好放大成为民族文化的弘扬与发展。

> 汉服运动是民间发起的文化运动，主体参与人群以80后与90后居多，中坚力量是年轻白领和在校大学生。也有不少受周围亲友影响的儿童及中老年人加入。汉服运动是当前时期中华民族复兴运动在文化领域的一种形式。[1]

在推动汉服复兴运动的群体中，青年一代发挥了极为重要的作用，而这种作用并非在于汉服的本身，而是其通过网络空间对传统文化的再塑和再生。通过“汉服”文化的符号，新一代的人通过网络平台和媒体的宣传报道，迅速聚拢了认同或者支持该符号的人群，并以“现代汉服”的旗帜，形成了以“汉服”为契机的部落文化。而这种通过网络时代重新构建的部落文化，其影响力和发展速度，要远比线下传播迅猛的多。

2. 现代意识的传统化：部落文化规训

福柯提出的知识—权力—规训模型，至今仍然是我们洞察文化于社会的巨大统合作用有效理论工具。现代意识的文化并不是在虚拟世界疯长，它同样受到中国熔炉文化的影响，现代意识的文化在不

---

〔1〕百度百科—汉服运动，http://baike.baidu.com/link? url = 9y5DddaaAp6-Llc2mMbNLJBkzoQz23FQnS6QVm0w3awdoNzGowiAF928AvlTbQVWH3aN1SmytZ6nA_3maM3SUa。

断碰撞交流中被打上深刻的文化烙印，现代意识受到了传统文化的影响，并演变成为部落文化的规训制度，从某种意义上讲，这是中国传统文化内核的胜利。

3. 族群的撕裂：无可融合的场域

“不是老人变坏了，而是坏人变老了。”这是网络中较为热门的一句话，反映了受过良好教育的新生代年轻人与老一辈人在日常生活中的意识矛盾。同理，在新媒体时代下，一个新兴的名词诞生——“脱网人群”。脱网人群包括客观条件导致不会、不能上网的人，如老年人、农民工群体、偏远山区的群众。[1]

中国互联网络信息中心发布的第33次《中国互联网络发展状况统计报告》显示，截至2015年年底，中国网民规模达6.18亿，互联网普及率为45.8%。其中，50岁到59岁的网民占5.1%，60岁以上仅占1.9%，远低于中青年网民所占比例，大部分老人成为脱网人群。在购物、娱乐、日常生活等诸多场景之中，网络使网民人群与脱网人群之间的差距越来越明显，而这种差距的加大，带来的矛盾和争执也渐渐增多。用智能手机聊天、网购、网上充水电费、上网查信息……对于网络时代的年轻人来说，这些都是再简单不过的事了，这也给大多数人带来了便利。但对于接受新鲜事物较迟缓或受教育程度不高的脱网人群来说，这种便利无形中却成了他们的不便。他们的困难和尴尬，我们不应忽视，更不能嘲笑，而应给予理解和重视。把这些人的不便与需求考虑到高速发展的网络信息化进程中，这才是全社会的进步。[2]

---

〔1〕谢樱：《脱网人群调查：不会上网就像被社会抛弃》，半月谈网，http://www.banyuetan.org/chcontent/jrt/2014411/98949.html。

〔2〕叶琦、侯云晨、方莹馨：《不要落下“脱网人群”》，《人民日报》，2014年5月25日。

四、虚拟空间中的宗教文化

数量如此庞大的宗教文化传播平台，已经不是一个简单的文化现象，它背后有着复杂的文化权力竞争现象。

1. 传播渠道增加

宗教在很长时间内的传播渠道十分有限，按照现行法律，宗教仪式的举行及传播必须严格在限定的宗教场所，具有明显的"属地管理"原则。"网络宗教"突破了管理上的限制，且目前我们宗教管理对网络宗教行为并无明确的管理办法。在过去的二十年间，网络宗教平台大量发展。有数据显示："以基督教和天主教为例，据粗略估计，2001 年互联网上涉及基督教和天主教的中文网站、网页仅有 7100 多个，2009 年 8 月，该数字达到 466.7 万个左右。而到 2015 年 1 月，其数量已突破千万，约为 2740 万个。"[1]快速增长的宗教传播平台，为宗教发展带来了前所未有的传播渠道。有学者将网络宗教形式分为了以下几类：

> 新闻信息类：即通过网络传播有关宗教的新闻和信息，扩大宗教或自身宗派及个人的影响力。
>
> 网络出版类：即通过宗教经典电子版的在线阅读及下载进行宗教内部资料的复制、传播。
>
> 传经布道类：即通过视频音频的下载或点播、网上在线讲堂等进行传经布道等传教活动。
>
> 法事法会类：即通过虚拟的网上寺观教堂、社区、论坛等开展烧香、集会、讨论等。

---

〔1〕赵冰："'网络宗教'在中国的发展及管理"，载《网络传播》，2015(2)：80—83。

捐赠流通类：即通过在线捐赠和虚拟商城接受宗教性捐赠和从事宗教产品流通经营。[1]

这六类宗教网站，不仅能够在更大的时空内传播宗教教义，同时具备了举办类同线下宗教仪式的功能，作为重要的社会整合力量，网络宗教正在逐步发挥着其独特的功能：扩大了宗教教义传播的受众，整合了跨地域教民，具备了更大规模的动员能力和新教徒发展能力。从传播角度来看，这无疑是进步的。教民在网络上的聚集不仅为宗教传播带来了集中的受众，同时各类“伪宗教”言论也掺杂其中，甚至带有政治色彩的宗教网站通过对教义的歪曲解读，进而达到目的，这些都是对宗教传播十分有害的。

2. 群体间宗教话语争夺

众所周知，在中国宗教的发展与政治走向密不可分，从中国历史上数次灭佛运动和造佛运动看，宗教并没有像西方一样取得长时间内的社会主导权力，而作为政治管理体系的一环存在。新中国成立以后，宗教信仰自由被写入宪法，国家出台多项宗教政策、管理方面的法律法规，宗教话语权力的发挥与社会主义语境得到了较好的契合。

网络宗教兴起后，在虚拟空间面临的不仅仅是机遇，更多是宗教话语权力的争夺。2001 年美国 9・11 事件发生之后，在中国的论坛上就开始发生激烈的针对伊斯兰、穆斯林正统教义的论战。伊斯兰宗教的精英们通过专业的知识进行辩驳，最大限度展示伊斯兰文化的宽容性和现代文明适应性。但是网民仅仅根据自身的生活经验和刻板印象，对伊斯兰宗教进行了非理性的批评，一时间导致了公众将

[1] 该分类是引用姚南强 2010 年发表在凤凰网上的文章，http://fo.ifeng.com/guandian/detail_2010_12/13/3474373_0.shtml。

穆斯林教徒妖魔化，直到现在，极端事件在网络上不断被放大，刻板印象有加剧的趋势。

众所周知，宗教话语权力与政治、社会稳定密切相关，但是网络上不理智、非正宗教派的声音在扩大，他们具有煽动性的传播内容更容易将公众吸纳进来，继而演变成为社会的极大风险。

第四节　撕裂与统一

一、越来越分裂的文化？

自从互联网与文化遭遇以来，学者们就关注到了文化的碎片化问题，悲观者认为碎片化的数字阅读会让我们变得越来越愚蠢，并且失去了独立的判断能力。

1. 个体碎片化认同

“部落文化”的崛起，意味着全社会共享的支柱性文化在消失，公众穿梭于不同文化群体同时，个体的文化认同也在遭受着分裂的境遇。与传统文化结构不同，部落文化能够给个体带来碎片化的认同，而非传统的体系认同。碎片化认同带给个体的是在各个层面的多元文化交织。

2. 流行与迷：分裂下的娱乐共同体

互联网每天都在制造流行文化，制造出迷文化，而且能够在短时间内形成社会关注的热潮。在碎片化认同时代，这些带有娱乐性质的流行文化更多是以娱乐化面目出现，公众在娱乐面前，体现出了惊人一致的趋同性，从某个角度来讲，它更像虚拟空间内公众狂欢的仪式，在不知不觉地参与下，仪式带来的参与感增加了碎片化文化空间内个体的认同感。

> 因此，粉丝们不再需要依赖报纸电视台里的工作人员来了解和支持自己的偶像，他们不仅可以自由地通过门户网站、论坛了解明星的最新动态，更重要的是，他们还可以通过QQ群、贴吧、网络粉丝部落等方式，加入粉丝群体，在群体中获取多方面的信息，并且自由发表自己的看法。……第一次，传媒主导权经由网络粉丝团，过渡到了每个使用者的手上。[1]

正因如此，越来越多的粉丝团不断出现，在“××粉丝”或者“××爱好者”的标签下，不同的人找到了各自的组织，并在不断参与的过程中寻求认同。

二、民族与传统主义：部落文化统一的旗帜

民族主义和传统文化的回归是统一虚拟部落文化的两大纽带。

首先，政治在网络上的文化统合力最佳的选择就是民族主义，通过唤起全民对于苦难历史的回忆，不断强化名族集体认同感来整合不同文化思潮，且民族主义在中华复兴的文化语境中，处在强势地位，且是各方面文化派别所不敢大规模公开挑战的领域。

如前文所述，中国传统文化的内核依然存在，并深刻地影响我们日常生活。回归传统文化是国民随着物质自信的增长，而自然出现的文化自信恢复，传统文化的回归无疑是最佳的文化情绪发挥载体。

1. 唤起部落追忆的传统文化

> 《舌尖上的中国》引起网友的狂热，获得接近两千万的点击量，成为微博中最受关注的热词之一，并且引发诸多社会现象。

[1] 蔡骐：《网络与粉丝文化的发展》，《国际新闻界》，2009年7月。

> 据称，《舌尖上的中国》热播甚至引发连锁美食效应。淘宝网最新数据显示，自该片5月中旬上映以来，片中介绍的美食在淘宝网的成交量猛增。该片开播5天内共有2005万人次在淘宝网浏览过片中介绍的美食，成交量达729万件。[1]

2012年，纪录片《舌尖上的中国》播出，在短时间内引起了全国范围的热捧和讨论，并以此引起了国民在网上对“传统美食”的追忆和讨论。不少网友回忆起“童年的味道”和“妈妈做的饭”，并通过这一契机在网络上进行表达和沟通。在此案例中，《舌尖上的中国》播出，成为了部落追忆中国传统饮食文化的契机，并通过网络的作用进行放大和聚合。同理，在前面的“现代汉服”的案例中，通过对传统文化的复兴运动，聚拢起相关的文化部落，并通过网络为平台，成员之间进行互动和交流，得到了共同的认知。

2. 凝聚部落情感的民族主义

对于中国人来说，民族在近现代以前是很模糊的概念，直到近代外来侵略不断加剧，中华民族面临着被分割的危险，我们才逐步有了中华族群的概念。一百多年来，民族的形象不断在公众心目中加强，在各类社会思潮风起云涌的时代，民族主义是能够凝聚各个部落的最佳工具。“民族”这一概念其实凝结的是公众的一种情感，具体可以表述为抵御外侮自强不息的社会情感，民族主义最大的动员能力恰恰在于其情感能量，正如有学者指出：

> 民族主义是世界上最强烈、最富有情感力量的思想意识，它如同家庭对于家庭成员的天然亲和力一样，对人们产生最直接、

---

〔1〕张雨、游海滨：《〈舌尖上的中国〉为何走红网络》，2012年5月，http://news.ifeng.com/gundong/detail_2012_05/28/14860941_0.shtml。

> 最自愿、诉诸亲缘本能的感召力。只要世界上存在着民族、国家以及外部世界对这一民族利益的挑战、压力或威胁，民族主义就会激发起人们维护民族利益的热情、责任与使命感。[1]

中国的对外形象一直是温和的，很少出现激进的言行，除了和政府外交战略和理念有关外，也深受中国传统文化的影响。在当前中国外交和对外传播环境下，网络民族主义为国家提供了合适的表达渠道：

> 由无数个人构成的传播行为主体提升了网民在国际传播中的地位。过去，当有损国家利益的国际事件发生时，主要是国家层面借助大众传媒表达我们的态度。随着互联网的出现，国际传播主体呈现多元化特征，国家不再作为唯一的传播主体主导传播过程，个人也成为国际传播中的主体。当国外媒体的不实报道损害了中国的国家利益时，向世界发出来自中国网民的声音就显得尤为重要。[2]

2000 年后，中国掀起了韩流热，“哈韩”族群一度被当做热点文化现象引起学术界广泛关注。但是从 2008 年前后，狂热的韩国热开始消退，除了奥运会中国传统文化大展示为我们打了一剂文化强心针外，还有一个很重要的文化现象：韩国大规模地申请非物质文化遗产，包括端午节申遗、孔子是韩国人等等一系列言论触及了国民对“民族文化”认同的敏感神经，自此网民对韩国的标签化开始大规模传播扩散，作为统合国民文化的利器，民族主义又一次发挥了它独特

〔1〕萧功秦：“民族主义的‘去激进化’趋势”，《人民论坛》，2011(1)：26—27。

〔2〕叶璞：“理性看待‘网络民族主义’”，载《北京日报》，2013.9.30。

的作用。但是，民族主义很容易发展成为网络上激进行为，从而演变成为激进民族主义行为。激进民族主义行为有以下几个特点：盲目的民族自信，极端排外的言行，毫无自我反思能力的文化自娱自乐等等。但是不论网络民族主义以何种面目出现，到目前为止，它具备号召“部落”的动员能力。

如果将它放到更为广阔的历史角度来看，没有理性的民族主义是很危险的，尽管它能够唤起网民们对民族、家国的认同感，但是如果不进行有效的规范和约束，只会产生更广范围内的情绪蔓延，甚至有可能导致网民的非理性行为。

第七章　本土化讨论：激进与融合

当代社会科学起源于西方，当我们用西方理论视角审视本土问题的时候，往往会出现一种无力感：用理论解释不清楚本土丰富的问题及现象，也无法用西方理论范式提出能够概括本土特有的现实的理论框架。近二十年来，中国社会科学遇到了“本土化”问题。就笔者所在的学科传播学而言，学科研究的本土化已经迫在眉睫。当前学界的研究思路是用西方的概念来阐释中国的问题，并无助于推动本土化的学科的发展，对问题的研究流于表面。在前六章中，本书涉及到每个议题，都做了本土化的观照，即使如此，感觉仍然再为外来理论进行注脚。当互联网碰到了转型期的文明古国，其碰撞出来的现象远非几十年前的理论所能囊括，有太多的社会话题等待我们去挖掘。

研究者自身也存在着问题，缺乏建立本土化理论体系的勇气和自信，“言必称罗马”仍然是学界的强势话语。当前中国互联网的发展应走在世界前列，中国网民的影响力已经波及到世界范围。我们所处时代正如芝加哥学派成立时，社会正在经历重大结构性变化，基于此，我们应当尝试多从本土问题出发，在实际问题中凝练系统化理论。作为本书的最后一章，我们将提出三类具有本土特色的问题加以讨论。

第一节　当“关系”遇上新媒体

“关系”是中国独有的社会行为现象，对其研究已经进入了西方社会学研究视野。在西方，“关系”有特定的术语“guanxi”，借以强调说明中国人的社会交往特殊性。在西方，社会网络分析方法诞生后，学术界一直在尝试用结构化，甚至定量的方法去研究中国“关系”的本质，其最终结果并不是很理想，通常有些“隔靴搔痒”的感觉。从另外一个角度来看，社会网络分析方法给了我们一个很好的理论对比视角，我们究竟有何不同？本土的学者在深挖中国人的行为规则和心理结构方面做出了大量优秀成果。罗家德从信任和交换的角度，将中国人际关系分为家人、熟人、弱连带和无连带，这种划分方法与费孝通所提出的“差序格局”相互契合。这四种关系类型的划分从文化角度，很好地细分了中国传统“伦”、“礼”在确定人际关系层次方面的巨大作用，同时从行动层面也阐释了“关系”主义中普遍存在的特殊主义行为。

一、中国“关系”的本土含义

1. 作为文化基因的“伦”秩序

在儒家文化语境中，绝少“我思故我在”式的个体精神终极关怀，对于人的要求要放到群体中去考察。中国社会“不把重点固定放在任何一方，而从乎其关系；彼此相交换，其重点实在放在关系上了”(梁漱溟，1996)。胡适认为：“儒家的人生哲学认定个人不能单独存在，一切行为都是人与人交互关系的行为。”(胡适，1919)许烺光认为儒家的“仁”不仅仅是道德层面的要求，它需要个人固定在特定位置，自我心灵与人际互动要保持良好的平衡，金耀基也有类似的观察：在儒家社会理论中，不存在独立于其他人的纯粹个体，“仁”的概念考虑的是人际关系，而不是个体的心灵关照。作为与“仁”相关联的“伦”概念，则详细规定了人际关系应该有的样子。要求个人“在一个矩阵或者一个架构定位，其中的每个个体都尝试要将其心灵与人际关系维持在一个令人满意的程度上”。潘光旦认为：“儒家‘伦’的概念主要关心两个问题：一是个体之间等级划分的种类，二是个体之间应建立的关系种类。”(潘光旦，1948)“伦”的存在意义是对人际关系的类型进行详细规定，每个人应当与交往的人建立社会共同认可的关系类型，形成具有儒家文化特点的社会关系认同。黄光国认为儒家文化中，个体的个性是不存在的，个体的自我实现与人际关系紧密相关联。

在儒家文化的强大影响力下，血缘关系首先是人际关系中最为重要的一环，费孝通所指的差序格局中的核心，也是以个体的血缘关系网为起点的，因此罗家德将“家人”放到了个体关系网络的首要位置，同时他认为中国人的关系形态主要是先赋性的(ascribed)，或是先在先赋性关系影响下发生，然后通过交往获得的。因此血缘身份及衍生的关系(地缘或业缘)成为控制心理距离的主要依据(罗家德，2005)。罗家德在考察中国人信任网络时指出：中国的关系网络有突破家族往外扩大的变化，这种变化是建立在不断扩大交往双方的认同点基础之上(罗家德，2007)。其认同的基础还主要是以血缘关系为纽带。

2. 特殊行动与特殊信任

行动的“特殊主义”是中国人际关系互动的重要特征。杨国枢把这种特殊主义形容为“关系中心”或“关系决定论”。只有在确定了对方和自己什么关系后，才会采取相应的行为措施，正所谓看人下菜碟，一切因人而异。“在儒家关系本位的社会系统中，强调的中心不是落在特殊的个体身上，而是落在个体之间关系的特殊本质上。”(金耀基，1992)在实际互动中，按照关系的亲疏远近而区别对待。这并非所谓的民族劣根性，西方在对待熟人和陌生人之间也会存在区别，只不过特殊之处在于：中国将这种特殊主义视作文化要求的当然，它有很大的制约力量，否则就会被视为“不合群、不认人”，每一类关系与之相对应的行为方式早就已经被规定好了，且具有文化、道德意义上的合法性。与此相联系的一个现象是：中国人的信任范围问题。

如前文所述，我们缺乏与陌生人打交道的经验，更不要提对陌生人的信任，人与人之间产生信任往往会有中间介绍人的存在，否则两个陌生人之间建立信任合作关系十分困难。在流动性不强的熟人社会，这套关系运作机制没有问题，但是与现代社会的行为逻辑有着明显的冲突。比如，法律法规很难普遍性地被执行，因为我们经常会区别对待“自己人”，最终导致法律法规难以无差别对待每一个具体对象，出现郑也夫所描述的“制度失灵”现象。

3. 维系关系的面子和人情

在传统文化中，“礼”是很重要的社会管理手段，翟同祖观察到：“‘礼’本身并不是目的，只是用以到达‘有别’的手段，……礼在中国维持了根据贵贱、尊卑、长幼、亲疏来区分的社会地位的分化。”(翟同祖，1981)通过日常对礼的不断强调，强化并对社会秩序进行再确定再生产。我们生活在一个人情社会，人情就是“礼”的概括性表达，“面子”问题是对人行为准则的文化制约，丢掉面子意味着没有尽到礼数，不符合人际关系行为的要求。通常来说，“人情交换”是为了加深双方的关系，正所谓有来有往，在此行为逻辑下，人情和面子成为了我们维系关系运作的重要工具。

人情的多寡和面子"大小"均由"礼"安排好。"面子"对交往是一种外在压力，要求自己送出人情、进行"报"的同时，也得到相应的馈赠。当自己没有尽到"人情"或者"报"的义务时候，自己就会失去"面子"，必须承受"礼"给安排好的压力。因此，"礼"和"面子"是一种关系交往的压力，这对于维护关系有着重要的意义。[1]

到现在为止，我们基本梳理清楚了"关系"背后的文化内涵及其实际运作机制，它不是结构性的，而是文化性的，深深根植于每个中国人的行为准则中，在从小的社会化过程中，我们早已经熟悉了这一整套的做事方式。

4. "关系"的正面作用

在社会运作层面，提到"关系"我们立刻想到了很多负面的权钱交易、走后门等行为，把其归罪于民族文化的恶习。从以上理论梳理来看，"关系"不是一种道德状态，也不是罪恶的行为，它仅仅是中国本土特色的文化，及其背后人际互动的逻辑准则。我们在看到"关系"负面的作用时候，也应当清醒地看到它带来的"人情味"。在冷冰冰的工业时代，儒家文化的"关系"有助于消除人们孤独感，带给群体性的温暖，并且在熟人之间能够产生积极信任。罗家德观察到：在很多华人企业中，在其日常管理过程中如果充分运用并尊重"关系"，"关系管理"能够成为中国本土管理学现代化的突破点。

二、虚拟部落中的"关系"

通过上述分析，我们可以洞察到"关系"是深植于我们日常行为的文化基因，那么这种文化基因是否会复制到虚拟空间中呢？换言之，人们在部落化时代，"关系"的行为准则是否还依然有效？从表面

[1] 刘凯：《个体线上关系构建、结构及其影响》，北京大学博士论文，2012。

上看，虚拟关系确实在构建过程、构建基础和维护方法方面与传统中国关系运作存在很大不同，但是我们如果深入观察，网络人际关系的运作还是带有深刻的文化特质，"关系"的运作逻辑在虚拟空间中改变了形式，并扩大了存在范围。如果说互联网对"关系"能够产生一定的影响，其影响机制在于获取网络内资源的形势发生了变化。

1. 变与不变，"关系"的双重境遇

翟学伟认为互联网消解了现实交往中"面子"的制约因素："互联网交流中没有了关系中的情面和权威。'给人面子'、'给人留面子'本是中国人关系的重要法则。但互联网打破了这样的法则，构成了互联网与真实社会的互相制约，换句话说，许多原先的关系中不可能发生的行为和事件，因为互联网的存在而发生并且遏制了现实中的给面子行为。"[1]

传统给面子行为，多为现实环境中面对面的互动，在重大事件上要有来有往，遵循礼尚往来的交往。在虚拟空间，这种行为逻辑依然有效，只不过它的形式变化多样。虚拟礼物的交换、在群讨论中的"相互给面子"、相互点赞等行为都有人情社会的内涵。以微信朋友圈相互点赞为例：我给你点赞了，同时你也要给我点赞，否则两人关系是不平衡的，通过双方的点赞互动，其实是在完成"互相给面子"的交换行为。随风潜入夜，润物细无声，"关系"深刻塑造并规定着中国网民交往的行为模式。可以说，人情、面子、回报这些文化要素在虚拟空间并没有消失，反倒在更为广阔的范围和形式上被不断实践，这些共同构成了中国特色的网络形态的"关系"，它与现实形成了互动。

在不变的同时，互联网确实衍生出来与"关系"文化相背离的精神气质，特别是新生一代，他们在网络上独具特色的交往行为让人眼

〔1〕翟学伟：《关系与中国社会》，中国社会科学出版社，2012 年。

前一亮，翟学伟将这种新型模式归为“网络规范缺失”与“网民狂欢”的双面因素：

> 中国互联网上的交往模式所显示的特征，不能理解成是互联网本身带有的，而是来自于现实交往模式的关照。比如对于西方人际交往而言，互联网是一种现实交往的放大和延伸，但是对中国人际交往而言，它是对现实交往模式的一种反动，即为面子、礼节、容忍、苦闷和权威压迫所带来的释放。虽然众人狂欢、众生喧哗、万民放言构成了中国人网上交往的特点，但它同时带来的问题是原有道德规范体系的瓦解，以及新的网络规范暂时缺失。规范缺失与众人狂欢是网络交往模式的一体两面。一旦网络规范形成，狂欢也将大大收敛。[1]

翟学伟的此段描述，深刻洞悉了中国人渴望挣脱“关系”负面束缚的心理，人们渴望新型社交模式，希望构建没有维系负担、没有约束的社会网络。虚拟空间恰恰提供了可供众人“发泄”、体验的场所。仅就社会文化心理来分析互联网的影响，略显不足，接下来我们将从虚拟空间内资源角度来分析其对“关系”是如何产生影响的。

2. 虚拟资源对现实关系的影响

如本书第四章所描述，共享经济在网络上蓬勃发展，它是人们经济关系发展的新阶段。在网络诞生之初，资源还没有形成汇集效应，到了今天，我们能够切身感受到在网络上获取实质性支持资源的便捷性。在现实之外，我们有了可以不用通过关系运作就可以获取社会支持的场所，它势必会对现实网络的重要性产生深刻影响。

---

〔1〕翟学伟：《关系与中国社会》，中国社会科学出版社，2012 年。

网络经济的特征在于不断压缩中间链条，消灭资源交换中的信息不对称，消灭嫁接在两种资源之间的“桥梁”。以前需要求人、送礼才能办到的事情在网络上变得十分简单。正是这种机制的存在，线下强关系在社会支持方面的重要性在下降，现实中的熟人并非无所不包，我们越来越依赖网络上的弱连带和陌生人。

第二节 部落内的社会流动

在我们历史传统中，“仇富”心理是一个很特别的社会现象。在我们文化语境中，有着十分强烈的向上流动的渴望，“朝为牧牛郎，暮登天子堂”，我们往往把社会内的向上流动看作是“命运”的问题，绝少从社会的结构性因素去考虑。改革开放后，我们社会一度出现了活跃的流动现象，政治管理体制的松动和经济改革是社会结构进入了活跃期。但是随着经济改革的深入，第一批先富者所积累的资本开始在社会发挥作用：资本开始吸引越来越多的资源，先富者的机遇和资源远远超过了后来者，社会阶层固化的现象开始浮现。

近年来，“二代”作为某个特定族群的称呼已经成为大家的日常用语。无论是官二代还是红二代，无论是富二代还是穷二代，网民的称谓其实表达了自我身份的认同及其对社会结构的朴素认知。它不是特别指定是什么人，是针对特定行为人的一个概略称呼。总体来看，“富二代和官二代”的媒介形象呈现出负面化、污名化、刻板印象等特点。那么，互联网能够在打破阶层固化、增强社会流动方面起到独特的作用呢？对此，笔者持有乐观的态度：互联网至少在两个方面为社会流动提供了渠道，第一，上攀渠道相比较以前更为宽广；第二，互联网提供了在现有经济体制之外的增量平台。在这两个因素的作用下，我们有可能实现合理择优的社会流动。

一、45度仰角的力量

“45度仰角”最早是业界用来形容在微博上人们关注行为的模式。45度仰角范围是一个合理的上攀诉求，在部落化生存当中，每个人都有关注他人的诉求，同时也会被别人所关注。一个很有意思的现象是，在部落化的阶层流动中，你通常只会关注你认为值得关注的人。也是你以45度仰角在仰望着的那个人（最低也会是0度视角的平视）。信息在这样的环境下被重组、转化、传递。我们可以把这种非常熟悉的社会现象称之为“网络空间内的上攀行为”。

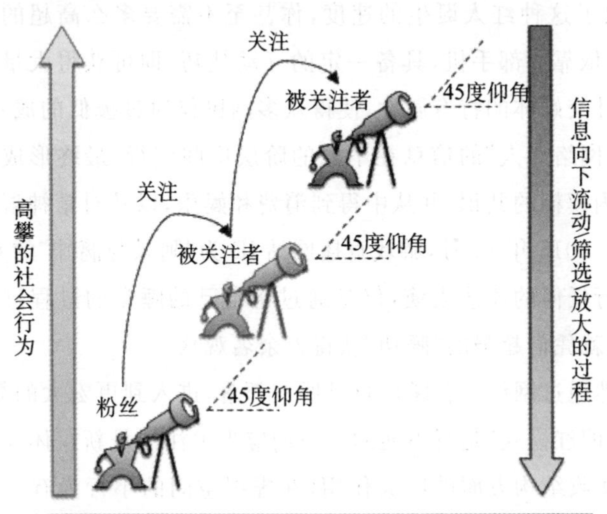

微博最关键的运作原理：45度仰角，一种我们称之为高攀的社会行为
数位之墙 http://china.digitalwall.com By Max 黄绍麟 2011/03

其实互联网自诞生之日起，就一直向现实社会中的小人物提供了无限多的机遇，使这些“草根”人物有充分自我展示与书写的机会。也许有人会认为这种现象不足以构成社会上攀效应，因为在网络上能够和大人物发生联系的机会很少，即使发生了联系也不一定能够

产生资源的调用，无法形成真正意义上的向上流动。如果我们换个角度看问题，也许能够更深刻地洞察内在机制。

首先，45度仰角的交往行为为公众提供了更为宽广的视野，大量优质的信息会带给参与者不经意间有了自我的提升，通过互联网，信息不再完全成为隐藏在铁幕下的秘密，在缩短信息鸿沟的前提下，有可能会导致全民的进步。如果整个社会公众信息接收结构开始扁平化的时候，就是激活了互联网的流动能量。

再者，新型的平台为草根们提供了能够获取成功、谋求持续职业的重要手段。近两年，直播平台的井喷，再次降低了网红的准入门槛，加快了这种红人诞生的速度，你甚至不需要多么高超的文案技巧，仅仅依靠一部手机，具备一定的互动技巧，即可获得大量的网民关注。社交媒体的特有属性，使得众多网民仅通过极低的成本，就能让有关“网络红人”的信息在不同的阶层中间流行，最终形成一种网络空间内模糊的共识，并从中得到消费和娱乐，以及对精神群体的认同满足。2015年11月，游戏直播网站ID为“阿呆与漓妹”的女主播，没有进行任何的才艺表演，仅是通过将自己的睡觉的过程进行了现场直播，就凭借超强的“睡功”获得万余名观众。

虽然通过网络平台跳出自己所在部落，进入到更宏大的舞台，显然通过“网红模式”是行不通的。我们应当关注的是新媒体在优化全民信息接收结构方面的巨大作用，在虚拟空间的小行为有可能成为改变现实的关键节点。

二、互联网精神的旗帜

“互联网精神”即：开放、平等、协作、分享，“天下大势，浩浩荡荡；顺之者昌，逆之者亡”。这是其网络宣言。自20世纪五六十年代所诞生的骇客文化奠定了互联网精神的起源，这些人勇于探索新技术，推行免费精神，确立了严谨的道德戒律和规范。自 MIT 的 AI Lab 开始，再到 70 年代硅谷电脑爱好者，到 90 年代互联网行业的全面商业化，乃至今天的维基解密和斯诺登。技术变迁，物是人非，唯有精神一脉相承。他们怀着乌托邦式的理想，以开放、平等、协作、分享为大旗试图构建新的一个崭新的互联网世界，这也正是为网络文明带来的曙光。这些理念很大程度上与美国当时工业社会体制、成熟的法制系统以及有效的社会信誉机制相辅相成。

网络社会学家曼纽尔·卡斯特尔(Manuel Castells)总结说："互联网文化是由人类技术进步过程中的技术统治信仰组成的，由崛起于自由、公开的技术创新性黑客社会执行，深植于以重塑社会为目标的虚拟网络之中，并由金钱驱使的企业家在新经济的运行之中使之物质化。"在这里，曼纽尔·卡斯特尔将网络文化归纳为四层结构特性，技术精英文化、黑客文化、虚拟通讯文化以及企业家文化。我们所谓互联网的精神，实质上就是网络文化的内核和价值观，正是这种从一开始就决定了网络文化的精神内核，决定了互联网的技术架构、运行机制，以及商业模式。因此，互联网精神是互联网文明超越传统工业文明的最本质核心，也是区别于传统工业文明最本质的区别。

在这种理念下，互联网衍生了大量的增量经济形式，他们与传统毫无直接关系，但是网络对传统经济体的改造从而停歇。它从来不和传统直接竞争，而是传统的体系纳入到自己的发展范畴，使传统变得毫无意义，进而产生颠覆的效果。

1. 虚幻还是机遇?

由于政府行政力量的推动，各种"互联网＋"产业平台在全国各地如雨后春笋，蓬勃发展。创客空间、车库咖啡是最为火爆的商业模式，大众创新万众创业成为这个时代最具有煽动性的行动口号。在朋友微信圈中，处处流传着"马云说，刘强东说"之类的鸡血段子。广大的青年积极投身到这场创业运动中，学习新鲜时髦的行业术语，繁忙地穿梭于各个创新创业论坛和会场，用着青涩、包装过的话语尝试着刷自我的存在感。如果说互联网精神更像当前社会宗教的话，那么当前轰轰烈烈的青年创业则更像教徒们的现实膜拜行动。

2. 新生创造力量的诞生

海淀的中关村创业大街被称为中国的“硅谷”，这里被称为创业者的天堂，也是新生创造力的聚集地。在这条全长仅 200 米，建筑总面积 5.4 万平米的土地上，正在成为中国创投圈的领跑者。然而，就在这小小的 200 米长的街道中，有着四十多家创业服务、投资机构，二千多家创业团队在孵化器完成自己的创业梦想，各种创业活动不胜枚举。在这里，大多数创业者没有稳定的收入来源，车库咖啡为创业者提供免费的白开水，号称最快的 1G 的网络带宽接入，以及不用花钱的工位和 24 小时的营业时间，在这里，每天晚上都有将近二三十号创业者通宵写代码，各种气味儿在大厅里弥漫。福山曾经这样描述中国商业文化：

> 强势的家族主义、子嗣平分家产的制度、欠缺领养家族外成员的机制，加上对外人的极度不信任，塑造了传统中国人特有的经济模式，这在当今的台湾和香港工商文化里，都可以获得多方面的印证。〔1〕

福山的论断应当重新被定位：“大家不用拼爹了，爹不懂互联网。”在创业者眼里，移动终端的普及催生出的第二次互联网创业潮，是留给“寒门子弟”跻身资本阶层最后的一块搏击场。在这里，你会

〔1〕弗兰西斯·福山，1998：107。

听到各种各样的创业想法：人工智能、虚拟现实技术、3D打印机、智能机器人、聊天软件……你会看到每个人脸上洋溢着对未来的期许，对成功的那种期盼，每个人都有各自的梦想和创业故事。

每天这里都在诞生着财富的神话，据不完全统计，有一百二十多个团队获得平均达500万元人民币的融资，其中创办仅一年半的拉勾网，市值便达8亿元人民币。

这些财富神话的缔造者大多是一群怀有梦想的年轻人，而他们吸引着更多的年轻人来到这条大街，传统之外的力量在一点点展示出它的肌肉。

3. 现实与理想：政治鼓励，资本控制

“大众创业、万众创新”，这句话在2015年首次被提及，这不仅是更长时期内的政策指向，也是本届政府努力的方向。随着中国产能结构的升级需求，万众创新已成为新常态经济的必然选择。

有人认为：中国的创新项目95％都不是创新的，都是拷贝的，真正有含量的创新可能不到1％。只有改革需要创新，创新才可以扭转“中国山寨”的尴尬。

当这场事关国家未来命运、影响13亿人生存和生活方式的变革席卷中国的时候，无论对于创业者还是打工者，创新将成为成就梦想的最可行的实现方式，并且在国家改革和民众努力下，这些梦想将织就国家梦想。

一方面，政策的鼓励使得全民创业的积极性高涨，另一方面，反观资本在经过几轮泡沫与实体经济的遇冷后显得更为保守。不管人们愿不愿意承认，资本寒冬已经成为“新常态”，90％的互联网公司会死于资本寒冬，产品经理不再需要锦上添花的需求，只有解决实际问题，真正为社会创造价值的互联网公司能够生存下去。

基于以上三个基本现实情况，互联网为社会结构带来了新的增长路径，这条路径传统力量难以涉足，并且对传统的系统有很强大的反作用力，新生力量不断聚集，汇集成为具有当代中国特色的创业群体，它们有可能成为社会良性流动的新渠道。

第三节 从超稳定社会到剧烈变化

当我们有着深厚乡土情结的社会碰到了新媒体，势必为我们带来了双重行为结构：一方面是我们沉重的文化包袱和历史记忆，同时在虚拟空间不断上演着公众的狂欢，二者的结合构成了极具后现代风格的社会文化现象。

一、农业心态与后现代价值的混杂

1. 农业心态的表现

在农耕时代的中国人，受“儒家”学派思想影响较大，安于稳定现状，不接受与陌生人狂欢。从社会关系上来看，在单纯的小范围人际关系网，“各家自扫门前雪，莫管他人瓦上霜”，在这种封闭的思想下，人口的流动性和交往圈子被限制在最小的范围。许多研究表明，“熟人社会”为人们制造了社会归属感，也为人们提供了行为约束的社会机制，因此大大降低了社会的组织和管理成本。[1] 这种维持最小人际关系的社会结构，产生了固步自封的“小农意识”，而这种意识至今还在影响着我们的生活。

在这种小范围的人际关系网络下，接触到陌生人的可能性非常低，保守、闭塞，乃至懦弱都是我们曾经反思过的民族性格。

2. 后现代行为的流行与包容

---

〔1〕燕继荣：被撕裂的“熟人社会”，同舟共进，2010(2)。

在信息化时代的今天，人口的流动性和人际关系的复杂性，使得接触陌生人的机会大大提高。在这种多民族、多地域、多文化的聚合中，人际关系也逐渐发生着转变，人们在生活中接触新鲜事物的可能性极大地提升，对不同文化和不同观点的包容性也逐渐增强。

在这种熟人越来越少、陌生人越来越多的社会中，人们更多开始遵循大的法律和道德框架，也不会再像“熟人社会”时期一样，必须在意周边人的想法。人的个性化属性得到突破和提高。新媒体时代的来临，让更多的人可以进入到“网络社会”中，在这种陌生人占绝大多数的人际关系情况下，大多数人可以不再顾忌和周围熟人的潜在约束，追寻自己内心的喜好，并由此产生出一个个不同标签的部落。这种单纯以兴趣或者偏好聚合的网络部落，每个人都可以更多地抒发自己的真实情感，部落的文化也更为多元化和复杂化。

“非主流”、“二次元”、“文艺青年”等等，诸多不同的文化内容，在新媒体时代的网络部落中开始流行，而部落内的陌生人关系，也使得越来越多的文化可以毫无顾忌地得到释放和发泄。

二、LGBT平台的本土生存空间

LGBT是女同性恋者(Lesbians)、男同性恋者(Gays)、双性恋者(Bisexuals)与跨性别者(Transgender)的英文首字母缩略字。由于“同性恋社群”一词无法完整体现相关群体，“LGBT”一词便应运而生并逐渐普及。“LGBT”一词十分重视性倾向与性别认同文化多样性，除了狭义地指同性恋、双性恋或跨性别族群，也可广泛代表所有非异性恋者。

中国自古以来对“性”讳莫如深，对性别差异的敏感度不够，在社会空间内根本没有其话语空间。在虚拟空间，同性恋群体获得了可以自由表达的空间。

近年来，在国内诸如淡蓝网、阳光地带、BF99、15880作为社群的代表，发展得如火如荼。不论是通过线下主流媒体还是互联网空间，主流异性恋人群或性少数群体都感受到了同性恋话语在媒介中的激增。近两年，中国出现多起有关同性恋的诉讼案，包括秋白状告教育部、范坡坡起诉广电总局、同性婚姻维权第一案等。

2015年7月知名达人秀节目《奇葩说》辩题"该不该向父母出柜"，蔡康永认为"不向父母出柜或许会换得更大自由"，而金星则站在另一方观点自曝变性心事，二人情感和理性碰撞交锋，堪称史上最经典的一期。媒体报道，蔡康永泣诉心酸路，首次开口谈出柜十四年的经历。一向淡定、娓娓道来的蔡康永好似把出柜十四年来受的委屈发泄出来，坦言自己希望人陪却又不敢鼓励的矛盾心情。

不过，这期节目随后被广电总局叫停并永久下线。知情人透露："总局给的理由是，挑战传统道德与价值观。"

这次事件凸显了边缘群体在逐步增强自我意识，力图进入到社会主流视野，能够被社会所接纳。当前，我们就像是一个披着羊皮大袄的农民，在摇摆中跳着街舞，传统与现代的冲击共同构建出我们当前本土的群像。

当笔者将完成书稿的时候，突然有一种无力感：林林总总的理论综述、案例征引，千回百转的理论思辨仍然不足以概括当代社会的丰富性。无论是我们面对社会结构的转型，还是在虚拟空间涌现出来的新鲜事物，我们都无力用系统化的理论去概括。在宏大叙事失落的当前，任何尝试用理论概括描述现实都是十分危险的。几年后再翻阅此书，定会有种"变了人间"的感觉，技术爆炸式的增长速度让人目不暇接，任何绝对的判断有可能会成为荒谬。

然而，当我们再次回到本书的立论起点时，会对我们的社会充满信心，作为具有历史变革意义的互联网，它以磅礴的综合性力量，将我们带入到了一个更加包容、创新、融合的时代。

主要参考文献

裴宜理：华北的叛乱者与革命者.商务印书馆.2007.

金耀基：全球化、多元现代性与中国对新文化秩序的追求.中国社会与中国研究.社会科学文献出版社.2002.

孙立平："关系"、社会关系和社会结构.社会学研究.1996.

杨善华、侯红蕊：血缘、姻亲、亲情和利益——现阶段中国农村社会中"差序格局"的理性化趋势.宁夏社会科学.1999.

[英]齐格蒙特·鲍曼：社会是如何可能的，郭国良译.广西师范大学出版社.2002.

杨伯溆：社会网络化与地域场所化：当代本土传播的内涵及特征.新闻与传播研究.2004.

[美]欧文·戈夫曼：日常生活的自我呈现，冯钢译.北京大学出版社.2008.

Naisbitt John, Megatrends. *Ten New Directions Transforming Our Lives*. Futura. 1984.

Castells, Manuel. *The Rise of the Network Society*. Oxford: Blackwell. 1996.

丁未：结构社会与媒介效果——"知沟"现象研究.复旦大学出版社.2003.

简·梵·迪克：网络社会——新媒体的社会层面(第二版)，蔡静译.清华大学出版社.2014.

Putnam, Robert: *Bowling Alone: The Collapse and Revival of American Community*. New York: Simon and Schuster. 2000.

[英]丹尼斯·麦奎尔：受众分析，刘燕南、李颖、杨振荣译.中国人民大学出版社.2006.

Kraut. R. , Patterson, M. , Lundmark, V. , Kiesler, S. , Mukhopadhyay, T. , and Scherlis, W. 1998.

Internet Paradox. A Social Technology that Reduces Social Involvement and Psychological Well Being? *American Psychologist* 53(9): pp. 1017 - 1031.

Haythornthwaite. Strong, Weak, and Latent Ties and the Impact of New Media. *The Information Society* 18: pp. 385 - 401. 2001.

Wellman, Barry Network Analysis. Some Basic PrincipalsIn R. Collins (ed). *Sociological Theory*. San Francisco: Jossey Bass: 159 - 179. 1983.

彭兰：从封闭的虚拟社区到开放的社会网络. 中国新媒体传播年会. 2009.

DJ Watts, SH Strogatz. Collective dynamics of "small world" networks. *Nature*. 393(6684): 440 - 442. 1998.

Nicholas Negroponte：数字化生存，胡泳译. 海南出版社. 1997.

谢新洲："沉默的螺旋"假说在互联网环境下的实证研究. 现代传播. 2003(6).

安德鲁·基恩：网络的狂欢：关于互联网弊端的反思. 南海出版公司出版. 2010.

陈佳璇："火星文"：网络语言的新发展. 修辞学习. 2008(4).

Hill, R. A. , and Dunbar, R. I. M. "Social network size in humans". *Human Nature* 14,2003.

Nicole B. Ellison, Charles Steinfield, Cliff Lampe. The Benefits of Facebook "Friends" Social Capital and College Students Use of Online Social Network Sites, *Journal of Computer Mediated Communication*, 2007.

Lin Nan. "Social Resources and Instrumental Action", *Social Structure and Network Analysis*, edited by Peter V. Marsden and Nan Lin, Sage Publications. 1982.

凯斯·桑斯坦：网络共和国——网络社会民中的主问题. 上海出版集团. 2003.

古斯塔夫·勒庞：乌合之众. 中央编译出版社. 2004 - 1.

尤查·本科勒，简学：企鹅与怪兽. 浙江人民出版社. 2013.

尼古拉·埃尔潘，孙沛东：消费社会学. 社会科学文献出版社. 2005.

詹姆斯·哈金，张家卫：小众行为学. 北京时代华文书局. 2015.

安东尼·吉登斯，赵旭东、方文译，王铭铭：现代性与自我认同[M]. 三联书店. 1998.

叶宁玉：社交网络还存在隐私吗?. 新闻记者. 2011(7).

[加]哈罗德·英尼斯，何道宽：帝国与传播.中国人民大学出版社.2003.

乐媛、杨伯溆：中国网民的意识形态与政治派别.二十一世纪.2009-7.

李良荣、张莹：新意见领袖论——“新传播革命”研究之四.现代传播.2012(6).

梁丽：“转基因水稻”事件网络传播中的意见领袖研究.华中农业大学学报.2010-6.

安珊珊、杨伯溆：多样性议题偏好和有限性议题影响.中国传媒报告.2009-10.

张文宏、李沛良、阮丹青：“城市居民社会网络的阶层构成”.社会学研究.2004(6).

Bian, Yanjie, Ronald Breiger, Deborah Davis & Joseph Galaskiewicz: “Network Patterns and Class Closure in Urban China”. Paper presented at the Sunbelt International Conference on Social Network Analysis, Cancun, Mexico, February and the annual meeting of the American Sociological Association, Atlanta, August. 2003.

Davis,: *“Deep South”*. University of Chicago Press. 1941.

Robert AHanneman, Mark Riddle: *Introduction to Social Network Methods*. Online. Chapter 17. 2008.

Linton Freeman, Cynthia Webster: Interpersonal Proximity In Social and Cognitive Space. *SOCIAL COGNITION*. pp. 223-247. NO 3. 1994.

Wasserman, andFaust. *Social Network Analysis: Methods and Applications*. New York: Cambridge University Press. 1994.

WilliamKornhauser: *The Politics of Mass Society*. New York: The Free Press. 1959.

方玲玲、韦文杰：新媒体与社会变迁.p.175.复旦大学出版社.2014.

关凯：互联网与文化转型：重构社会变革的形态.中山大学学报：社会科学版.53(3)：103—110.2013.

Tyler, E. B: *Primitive Society*. John Murray. 1871.

张可、王新婷：自媒体时代政府话语权面临的挑战与对策.人民论坛.2014-8-11.

希奥多·阿多尔诺：Rediscussion on the Cultural Industry. 1963.注释王凤才翻译.云南大学学报：社会科学版.2012(4).

李春青：大众文化的雅与俗.北京师范大学校报.2012-6-30.

冯友兰：三松堂全集(第6卷).p.13.河南人民出版社.2000.注释转引自吴晓

蓉：冯友兰“内圣外王”的现代价值探讨.人民论坛.2011(2).
引自《社会学与中国社会》.p.461.李培林、马强、马戎.社会科学文献出版社.2008。该论述思想最早出自周晓红：现代社会心理学——多维视野中的社会行为研究.上海人民出版社出版.1997.
叶南客：边际人：大过渡时代的转型人格.上海人民出版社.1996.
邓晓辉、戴俐秋：炫耀性消费理论及其最新进展.外国经济与管理.2005.
沈彬：“草根史学”的功与过.东方早报.2009-9-10.
吴晗、费孝通：皇权与绅权.天津人民出版社.1988.
叶琦、侯云晨、方莹馨：不要落下“脱网人群”.人民日报.2014-5-25.
赵冰：“网络宗教”在中国的发展及管理.pp.80—83网络传播.2015(2).
蔡骐：网络与粉丝文化的发展.国际新闻界.2009-7.
萧功秦：民族主义的“去激进化”趋势.人民论坛.2011(1).
叶璞：理性看待“网络民族主义”.北京日报.2013-9-30.
边燕杰：关系社会学及其学科地位.第30卷第3期.西安交通大学学报(社会科学版).2011-5.
边燕杰、李煜：中国城市家庭的社会网络资本.2：118.清华社会学评论.2001.
边燕杰等：中国城市中的关系资本与饮食社交：理论模型与经验分析.开放时代.2004-2
边燕杰：城市居民社会资本的来源及作用.中国社会科学.2004(3).
边燕杰：关系社会学：理论与研究.社会科学出版社.2011
费孝通：乡土中国.三联书店.1985.
黄光国：面子：中国人的权力游戏.中国人民大学出版社.2004.
黄厚铭：网络人际关系的亲疏远近.“国立”台湾大学社会学刊.2000(28)
胡适：中国哲学史大纲.pp.111—116.商务印书馆.1919.
金耀基：关系和网络的建构：一个社会学的诠释.二十一世纪.1992-8.
梁漱溟：中国文化要义.学林出版社.1996.
李沛良：社会研究的统计应用.p.53.社会科学文献出版社.1998.
李培林：流动民工的社会网络和社会地位.社会学研究.1996(4).
李喜所、薛长刚：自我展示,民国时期北洋大学学生社团.历史教学.2010-8.
罗家德：社会网络分析讲义.pp.50—51.社会科学文献出版社.2005.
罗杰斯、辛欣等：创新的扩散.pp.265—297.中央编译出版社.2002.

刘军：一般化互惠：测量、动力及方法论意含. 社会学研究. 2002(1).
刘军：整体网分析讲义. p. 7. 格致出版社. 2009.
李德昌：关系社会学与社会群：一个理论模型. 社会科学文献出版社. 2011.
林顿·弗里曼、张文宏：社会网络分析发展史. pp. 140—141. 中国人民大学出版社. 2008.
欧文·戈夫曼，冯钢：日常生活中的自我呈现. 北京大学出版社. 2008.
潘光旦：政学刍议. p. 133. 观察社. 1948.
乔健："关系刍议"，转载杨国枢主编的：中国人的心理，南京，江苏教育出版社，2006
阮丹青. 天津城市居民社会网初析. 中国社会科学. 1990(2).
孙立平："关系"、社会关系和社会结构. p. 5. 社会学研究. 1996.
王思斌：中国人际关系初级化及社会变迁. 管理世界. 1996(3).
杨伯溆：社会网络化与地域场所化：当代本土传播的内涵及特征. 新闻与传播研究. 2004(3).
杨善华、侯红蕊：血缘、姻亲、亲情和利益——现阶段中国农村社会中"差序格局"的理性化趋势. 宁夏社会科学. 1999.
杨国枢：中国人的心理与行为：本土化研究. p. 102. 人民大学出版社. 2004.
杨国枢：中国人的社会取向——社会互动的观点. 桂冠图书公司. 1993.
杨美惠(Yang, M, F.)：Favors and Banquets: *The Act of Social Relationships in China*. Itabac: Cornell University Press. 1994.
许烺光：人类文化学新论. 台北：联经出版事业有限公司. 1983.
肖鸿：试析当代社会网研究的若干进展. 社会学研究. 1999(3).
赵伟民、梁玉成：特殊信任与普遍信任. 社会学研究. 2002 - 3.
赵泉民、李怡. 关系网络与中国乡村社会的合作经济——基于社会资本视角. 农业经济问题. 2007.
翟同祖：中国法律与中国社会. pp. 272—273. 中华书局. 1981.
张文宏、李沛良、阮丹青：城市居民社会网络的阶层构成. 社会学研究. 2004(6).
张文宏、阮丹青：天津农村居民的社会网. 社会学研究. 1999(1).
郑也夫：中国信任危机. 世纪大讲堂. 海纳音像出版社. 2006.
章波娜：改革开放 30 年与青年交往观念的变迁. 中国青年研究. 2008(1).

图书在版编目(CIP)数据

部落化生存：新媒体对社会关系的影响/刘凯著.—上海：上海三联书店，2016.11
ISBN 978-7-5426-5713-8

Ⅰ.①部… Ⅱ.①刘… Ⅲ.①传播媒介—影响—社会关系—研究 Ⅳ.①G206.2②C912.3

中国版本图书馆CIP数据核字(2016)第243458号

部落化生存：新媒体对社会关系的影响

著　　者／刘　凯

责任编辑／冯　静　郑秀艳
装帧设计／汪要军
监　　制／李　敏
责任校对／张大伟

出版发行／上海三联书店
　　　　　(201199)中国上海市都市路4855号2座10楼
网　　址／www.sjpc1932.com
邮购电话／021-22895559
印　　刷／上海展强印刷有限公司

版　　次／2016年12月第1版
印　　次／2016年12月第1次印刷
开　　本／890×1240　1/32
字　　数／250千字
印　　张／8
书　　号／ISBN 978-7-5426-5713-8/G·1442
定　　价／38.00元

敬启读者，如发现本书有印装质量问题，请与印刷厂联系 021-66510725